Einführung in node.js

Jörg Krause

Einführung in node.js

Jörg Krause

This book is for sale at http://leanpub.com/mean-node

Diese Version wurde veröffentlicht am 2015-09-11

Leanpub

Das ist ein Leanpub-Buch. Leanpub bietet Autoren und Verlagen mit Hilfe des Lean-Publishing-Prozesses ganz neue Möglichkeiten des Publizierens. Lean Publishing bedeutet die permanente, iterative Veröffentlichung neuer Beta-Versionen eines E-Books unter der Zuhilfenahme schlanker Werkzeuge. Das Feedback der Erstleser hilft dem Autor bei der Finalisierung und der anschließenden Vermarktung des Buches. Lean Publishing unterstützt de Autor darin ein Buch zu schreiben, das auch gelesen wird.

Ebenfalls von Jörg Krause

Reguläre Ausdrücke

JADE - Die Template-Engine für node.js

express - Middleware für node.js

Dieses Bändchen ist für alle gedacht, die sich durch die ersten Schritte der Softwareentwicklung kämpfen oder ihr Wissen auf den aktuellen Stand bringen möchten.

Die Zukunft der Softwareentwicklung liegt im Web, in der Cloud, oder wo auch immer. In jedem Fall nicht auf einem isolierten, lokalen System. Dieses Bändchen ist Teil einer Serie von Titeln, die dabei helfen sollen, sich den Herausforderung der Webentwicklung zu stellen. Die Themen sind nicht zwingend brandneu, sondern eher zur Bildung einer thematischen Einheit gedacht.

Alle Bändchen sind ganz oder in Ausschnitten auch auf meinem Blog unter www.joergkrause.de zu finden und sind gedruckt, als E-Book (EPUB und Kindle) oder online als PDF und HTML verfügbar. Begleitende Kurse zum Thema sind bei www.IT-Visions.de buchbar.

Inhaltsverzeichnis

Einleitung   i
Vorwort   i
Anmerkungen   iv
Über den Autor   vii

1. Einführung in Node   1
   1.1   Elementares in JavaScript   1
   1.2   Installation und Konfiguration   2
   1.3   Initialisieren der Node-Applikation   4
   1.4   Die erste Applikation   8
   1.5   Pakete   9
   1.6   Eine Serverapplikation erstellen   11
   1.7   Umgang mit Anfragen   15
   1.8   Die vollständige Applikation   41
   1.9   Zusammenfassung   51

2. Die Bausteine des MEAN-Stack   53
   2.1   Der Paketmanager   53
   2.2   Bibliotheken und Frameworks   54
   2.3   Prinzipien   56
   2.4   Zusammenfassung   60

3. Die wichtigsten Node-Module   61
   3.1   Globale Module   61
   3.2   HTTP und HTTPS   66
   3.3   Umgang mit Dateien und Pfaden   90

INHALTSVERZEICHNIS

Anhang **101**
    Konfiguration der Datei package.json 101
    Schnellübersicht 116

Einleitung

Node.js ist eine auf JavaScript basierende serverseitige Programmierumgebung für die Applikationsentwicklung. Schwerpunkt sind meist Webapplikationen, allerdings ist Node keineswegs darauf begrenzt. Zusammen mit der Paketverwaltung Node Package Manager (npm) entstand eine leistungsfähige Umgebung zur plattformunabhängigen Programmierung. Dieses Werk geht auf Node in seiner elementarsten Form ein, zeigt die Programmierung einer einfachen Applikationstruktur für eine Webanwendung und stellt die wichtigsten Node-Module vor, angelehnt an die offizielle Dokumentation.

Vorwort

Node.js ist eines der faszinierenden Softwareentwicklungen der vergangenen Jahre. Derzeit ist Node mit der Version v4.0.0 bereits recht reif. Allerdings ist dies durch einen Versionssprung von 0.12 zu erklären, der praktisch eine 1.0 darstellt und dazu diente, Node mit anderen Paketen und deren Versionsgefüge zu synchronisieren.

Statt immer wieder neuer Versuche, mit noch einer Programmiersprache die Umsetzung von Webprojekten zu vereinfachen, setzt Node auf JavaScript. Innerhalb und außerhalb des Browsers kann nun erstmals mit derselben Sprache gearbeitet werden. Basis ist die V8-Engine von Google, die den JavaScript-Kern aus Chrome vom Browser trennt. Verfügbar ist Node.js auf Linux, MacOS und Windows und erfüllt damit ein weiteres Versprechen – die Programmierung unabhängig von einer bestimmten Plattform.

Der Erfolg von JavaScript als "der" Programmiersprache des Webs ist Entwicklern der klassischen Windows-Welt manchmal schwer

erklärlich. Sieht man Bilder der Jünger der Startup-Szenen mit
ihren MacBooks und der in Dokumentationen und Präsentationen
vorherrschenden Abbildung von Linux-Screenshots erscheint es
erstaunlich, wie weit sich die Szene von Microsoft verabschiedet
hat. Und das, obwohl mit ASP.NET MVC und Visual Studio ein
vollständiger Stack zur Entwicklung bereitsteht, der vor allem im
Backend punktet.

Dieses Werk

Dieses Werk ist ein multimediales Experiment. Der Grundtext ist
in Buchform verfügbar. Wer mag, kann diesen Teil via Amazon
kaufen und gedruckt erhalten. Einige Abschnitte sind als kurze
Videos verfügbar, die komplexere Abläufe schneller und kompakter
beschreiben als Worte dies Vermögen. Alle Codes sind außerdem
zum schnellen Testen und Ausprobieren online verfügbar.

Der gesamte Text enthält auch sehr viele Teile die originalen Dokumentationen, teilweise umfassend erweitert. Im Gegensatz zu
anderen Werken, die nur auf die Webseiten der Anbieter verweisen,
soll damit zum einen eine deutsche Beschreibung bereitstehen, zum
anderen aber auch das mühevolle Zusammensuchen von diversen
Seiten an einer Stelle konzentriert werden.

Das Werk nutzt eine bestimmte Kombination aus Versionen der
benutzten Bausteine. Wird eine neue Kombination aktuell, wird
es komplett aktualisiert. So wird sichergestellt, dass die Beispiele
immer funktionieren und es keine Kompatibilitätsprobleme gibt.

Die Zielgruppe

Wer sollte dieses Werk lesen? Dieses Werk wendet sich an Leser, die
aktiv verteilte webbasierte Applikationen entwickeln, mit Webseiten oder Webdiensten arbeiten, unabhängig von der verwendeten
Plattform.

Das Buch führt schnell, direkt und kompakt in das Thema JavaScript und Node ein. Die Lernkurve ist steil und die Menge des vermittelten Wissens enorm. Sie sollten in der Lage sein, parallel andere Quellen zurate zu ziehen oder wenigstens im Zugriff haben. Um den besten Nutzen aus dem Buch ziehen zu können, sollten Sie:

- ein Softwareentwickler, -architekt oder -designer sein, der aktiv Anwendungen entwirft,
- mit JavaScript vertraut sein und problemlos mit objektorientierter Programmierung arbeiten können,
- ein prinzipielles Verständnis für Webdienste und Webanwendungen,
- eine Entwicklungsumgebung wie Visual Studio oder Sublime kennen und beherrschen, einschließlich elementarer Fertigkeiten beim Debuggen, Verteilen und Installieren von Applikationen, und
- in der Lage sein, grundsätzliche Installationen unter Ihrem Betriebssystem vornehmen zu können. Dies umfasst **die Fähigkeit Programme mit Administrator- bzw. Root-Rechten zu installieren.**

Sehr hilfreich sind immer typische Entwicklerkenntnisse der Web-Welt:

- HTML und CSS
- Protokolle wie HTTP, SMTP, TCP, IP usw.
- Programmiergrundlagen wie SQL und reguläre Ausdrücke

Mit diesen Voraussetzungen werden Sie optimalen und unmittelbaren Nutzen aus dem Buch ziehen. Wenn Sie hier Defizite haben, sollten Online-Quellen oder andere Bücher zumindest in Reichweite sein.

Anmerkungen

Dieses Buch entstand neben der laufenden Arbeit und parallel zu Kundenprojekten. Wie jedes Werk dieser Art fehlt es vor allem an Zeit, die Dinge so genau und umfassend zu recherchieren und zu testen, dass es letztlich perfekt wird. Es gibt vermutlich ebenso wenig perfekte Bücher, wie es perfekte Software gibt. Es gibt aber gute Software, und wir hoffen sehr, ein gutes und praktisches Buch geschrieben zu haben.

Sollte es dennoch Anlass zur Kritik, Wünsche oder Hinweise geben, schreiben Sie uns bitte eine E-Mail an *joerg@krause.de*, damit ich dies bei künftigen Auflagen berücksichtigen kann.

Bitte haben Sie Verständnis dafür, dass im Fall von Fragen zur Umsetzung von Projekten, allgemeinen Problemen bei der Installation, Nutzung und Verteilung, bei Schwierigkeiten mit Editoren und damit einhergehenden Fragen die beste und schnellste Hilfe in den einschlägigen Foren zu finden ist. Ich kann hier beim besten Willen keine Unterstützung bieten, da die Zahl der Fragen regelmäßig jeden verfügbaren Zeitraum füllen würde.

Konventionen

In diesem Werk werden einige Darstellung benutzt, die Struktur geben und die Lesbarkeit erleichtern.

 Tipp
Das ist ein Tipp.

 Warnung
Das ist eine Warnung.

Information

Das ist eine ergänzende (aber nicht so wichtige) Information.

Dieses Buch enthält keine Fragen und Übungen. Es ist ein Nachschlage-
und Informationswerk. Lernen kann man programmieren am Besten am konkreten Projekt, nicht mit abstrakten Idealbeispielen. Die
Informationen dienen als Grundlage für eigene Versuche und als
Muster, nicht als "Nachklick-Anleitung". Solche Anleitungen sind
als Video verfügbar und auf meinen Youtube-Channel zu finden.

Video

Der Ablauf dieser Installation ist auf dem Youtube-
Kanal "joergisageek"[1] zu finden.

Werkzeuge

Softwareentwicklung ist eine Mischung aus Kunst und Handwerk.
Gemäß dem Spruch "Kunst kommt von Können" und der bekannten
Weißheit, dass ein Handwerker im Wesentlichen an der Qualität
seiner Werkzeuge bemessen wird, kommt der Auswahl der Tools
eine besondere Bedeutung zu. Schaut man sich bei den Profis der
Zunft an, was auf dem Bildschirm passiert, so wird schnell deutlich,
dass die Zeit der grafischen Oberflächen und komplexen Designer
vorbei zu sein scheint. Auch Visual Studio ist bereits geraume Zeit
nicht mehr so "visual" wie es am Anfang mal war.

Der Vorteil dieser Vorgehensweise ist ein hohes Maß an Kontrolle
über den Quellcode und des Ergebnis. Der Nachteil ist eine erheb-
liche Lernkurve am Anfang. Die Geschwindigkeit und Präzision
bei der Entwicklung ist die Mühe aber wert. Die Auswahl der

---

[1]https://www.youtube.com/user/joergkrause/videos

Werkzeuge beschränkt sich deshalb mehr auf einen geeigneten Texteditor.

Zur Auswahl stehen einfache Editoren wie Notepad++ oder Sublime. Will man auch aus dem Editor heraus debuggen ist Visual Studio Community Edition das große Schiff, das .NET-Entwickler natürlich kennen. Vorteil ist die Projektverwaltung und die vielen Editorfunktionen für alle Arten von Code-Varianten, einschließlich Markdown, LESS und auch JADE (dazu später mehr). Als weiterer Editor für alle Plattformen kommt Visual Studio Code in Frage.

Kontakt zum Autor

Lernen Sie mich über meine Seiten im Web kennen. Die Einstiegspunkte sind:

- Web: *http//www.joergkrause.de*
- Twitter: *@joergisageek*

Neben der Website können Sie auch direkten Kontakt über www.IT-Visions.de aufnehmen. Wenn Sie für Ihr Unternehmen eine professionelle Beratung zu Web-Themen oder eine Weiterbildungsveranstaltung für Softwareentwickler planen, kontaktieren Sie Jörg über seine Website[2] oder buchen Sie direkt über http://www.IT-Visions.de.

---

[2]http://www.joergkrause.de

Über den Autor

Jörg arbeitet als freier Trainer, Berater und Softwareentwickler für große Unternehmen weltweit. Bauen Sie auf die Erfahrung aus 25 Jahren Arbeit mit Web-Umgebungen und vielen, vielen großen und kleinen Projekten.

Jörg sind vor allem solide Grundlagen wichtig. Statt immer dem neuesten Framework hinterher zu rennen wären viele Entwickler besser beraten, sich eine robuste Grundlage zu schaffen. Wer dies kompakt und schnell lernen will ist hier richtig. Auf seiner Website *www.joergkrause.de* sind viele weitere Informationen zu finden.

Jörg hat über 40 Titel bei renommierten Fachverlagen in Deutsch und Englisch verfasst, darunter einige Bestseller.

Derzeit erscheinen bei **texxtoor** weitere Titel, die via CreateSpace (gedruckt) und KDP (Kindle) vor allem über Amazon sowie elektronisch bei LeanPub (PDF/EPUB) erhältlich sind. Aktuell verfügbar sind die Ergänzungsbändchen *Express – das Middleware-Framework für node.js* und *JADE – Die Template-Engine für node.js*. In Vorbereitung (Stand: September 2015) sind Bändchen für LESS, SASS, Bootstrap, CSS/HTML Grundlagen, AngularJS und MongoDB.

1. Einführung in Node

Node.js ist eine Open-Source-Plattform, die zur serverseitigen Ausführung von JavaScript genutzt wird. Den Kern von Node.js bildet die in C/C++ geschriebene und daher schnelle Javascript-Implementierung V8, welche den JavaScript-Code vor der Ausführung in nativen Maschinencode kompiliert.

Zudem umfasst Node.js integrierte Module, z.B. das HTTP-Modul, um einen Webserver zu hosten. Weitere Module können mit dem "von Haus aus" mitgelieferten Paketmanager **npm** installiert werden.

Die asynchrone Architektur von JavaScript ermöglicht eine parallele Verarbeitung von – beispielsweise – Client-Verbindungen oder Datenbankzugriffen.

Mit Node.js (kurz: Node) lassen sich hochperformante Netzwerk- und speziell Webanwendungen erstellen, die mithilfe einer WebSocket-Verbindung sogar in Echtzeit mit dem Webbrowser kommunizieren können. Da moderne Webbrowser – ebenso wie Node – JavaScript verwenden, kann Code zwischen beiden Seiten geteilt und teilweise gemeinsam verwendet werden. Vor allem aber gilt: Sie müssen nur noch eine Programmiersprache beherrschen, um die gesamte Webanwendung zu erstellen.

1.1 Elementares in JavaScript

Dieser Text unterstellt, dass Sie JavaScript halbwegs flüssig lesen können. Auch wenn dies der Fall ist, kann es sein, dass das eine oder andere Beispiel doch etwas komplexer ausfällt. Meist liegt es an Rückrufmethoden, dass der Code unübersichtlich erscheint.

Lesen Sie zuerst aufmerksam folgendes Beispiel:

```
1   function action(v) {
2     console.log(v);
3   }
4
5   function execute(value, callback) {
6     callback(value);
7   }
8
9   execute("Hallo Node", action);
```

Hier wird eine Funktion vereinbart (Zeile 1), die später (Zeile 9) als Rückruffunktion der eigentlichen Arbeitsfunktion (Zeile 5) benutzt wird. Dadurch können Funktionen quasi Ausführoptionen vereinbart werden. Dies wird sehr oft in Node benutzt, z.B. beim Auswerten einer Anfrage, wo der Rückruf erfolgt, wenn die Anfrage empfangen wurde und die Methode Parameter hat, über die die Anfragewerte erreichbar sind.

Da JavaScript immer nur einen Thread hat – das ist anders als in anderen Programmiersprachen – ist die Nutzung asynchroner Vorgänge enorm wichtig. Ansonsten könnte ein Aufruf alle folgenden blockieren. Asynchronität wird beherrschbar durch die Nutzung von Rückruffunktionen.

1.2 Installation und Konfiguration

Dieser Abschnitt zeigt die grundlegende Konfiguration und den Aufbau einer ersten Node-Umgebung. Das schließt die Nutzung des Paketmanagers mit ein.

Konfiguration in package.json

Jede Node-Applikation enthält eine Datei mit dem Namen *package.json*. Damit wird das Projekt konfiguriert. Die Dateierweiterung zeigt an, dass es sich um ein Objekt im JSON-Stil handelt. JSON steht für *JavaScript Object Notation* und kann von JavaScript besonders einfach verarbeitet werden.

Hier ist ein Beispiel, wie eine solche Datei aussehen kann:

```
1  {
2    "name": "buch-musterprojekt",
3    "version": "1.0.0",
4    "description": "Dies ist ein Projekt mit Buchbeispielen.",
5    "main": "server.js",
6    "repository": {
7      "type": "git",
8      "url": "https://github.com/joergisageek/nodejs-samples"
9    },
10   "dependencies": {
11     "express": "latest",
12     "mongoose": "latest"
13   },
14   "author": "Jörg Krause",
15   "license": "MIT",
16   "homepage": "http://www.joergkrause.de"
17 }
```

Achten Sie auf die untergeordneten Objekte, wie *dependencies* oder *repository*. Links steht jeweils der Name der Eigenschaft, rechts die Daten. Diese können wiederum Objekte sein. Das geht solange, bis skalare Typen benutzt werden, wie Zeichenkette oder Zahl.

Tatsächlich wird hier nicht alles benötigt. Die einfachste Datei könnte auch so aussehen:

```
1  {
2    "name": "buch-musterprojekt",
3    "main": "server.js"
4  }
```

Damit hat das Projekt einen Namen und es hat eine Startdatei – der Einsprungpunkt für den JavaScript-Interpreter. Bei *server.js* beginnt also die Abarbeitung des Projekts.

1.3 Initialisieren der Node-Applikation

Der folgende Abschnitt zeigt zuerst, wie Sie den Aufbau der Applikation auf der Kommandozeile eines Linux-Systems vornehmen. In den Testbeispielen und zum Anfertigen der Bildschirmfotos wurde Ubuntu benutzt. Es sollte aber jedes andere *nix-System einen vergleichbaren Ablauf erfordern.

Im Anschluss werden die wichtigsten Schritte für ein Windows-System und Visual Studio 2015 gezeigt.

Vorgehensweise unter Linux

Wie bereits beschrieben startet Node die Applikation über die Anweisungen in der Datei *package.json*. Damit da nichts falsch läuft, gibt es ein **npm**-Kommando, dass diese Datei erstellt: **npm init**. Um mit einer neuen Node-Applikation zu starten, gehen Sie folgendermaßen vor:

1. Erzeugen Sie einen Ordner: `mkdir buch-projekt`
2. Wechseln Sie in diesen Ordner: `cd buch-projekt`
3. Initialisieren Sie das Projekt: `npm init`

Sie können beim ersten Mal die interaktiv abgefragten Parameter unverändert lassen. Benennen Sie nur die Startdatei um in *server.js*. Die Node-Applikation ist jetzt startbereit – auch wenn noch nicht viel sinnvolles passiert – und kann gestartet werden.

Eine Node-Applikation starten

Grundsätzlich erfolgt der Start durch Aufruf der ausführbaren Datei **node** (Linux) bzw. **node.exe** (Windows). Das Skript läuft durch und endet sofort wieder. Das Programm ist beendet. Soll es dauerhaft laufen, muss dies in *server.js* entsprechend programmiert werden.

Sollte das Skript laufen und Sie möchten es auf der Kommandzeile beenden, nutzen Sie die Tastenkombination Ctrl-C. In der Praxis werden Sie unter Linux wie zuvor bereits beschrieben **npm** zum Start benutzen. Unter Windows mit Visual Studio ist *F5* (Debug > Start Debugging) der einfachste Weg, lokal zu starten.

Automatischer Neustart

Bei Änderungen sollen diese möglichst einfach überprüft werden. Damit muss das Programm zuerst gestoppt und dann wieder gestart werden – ein ausgesprochen lästiger Vorgang. Das lässt sich jedoch automatisieren, indem Änderungen an einer Datei überwacht werden.

Das **npm**-Paket *nodemon* liefert diese Funktion. Installieren Sie dies zuerst global:

```
npm install -g nodemon
```

Starten Sie dann nicht mit node sondern mit nodemon:

```
nodemon server.js
```

```
node server.js
```

Alternativ kann **npm** im aktuellen Ordner benutzt werden:

```
npm start
```

Da zu diesem Zeitpunkt *server.js* nicht existiert, entsteht erstmal eine Fehlermeldung.

'npm start' versus 'node server.js'

Wenn ein Startskript in der Datei *package.json* vereinbart wurde, wird dies nur mit **npm start** ausgeführt. Wenn kein Startskript existiert, dann führt
Node intern *node server.js* aus. Dabei ist *server.js* das
hier beispielhaft verwendete Applikationsskript. Das
Startskript ist sinnvoll, um Aktionen vor der Ausführung zu erledigen, beispielsweise LESS-Dateien in
CSS zu übersetzen oder TypeScript in JavaScript zu
transpilieren. Insofern sind Sie mit **npm start** immer
auf der sicheren Seite.

Vorgehensweise unter Windows

Dieser Abschnitt setzt voraus, dass Sie Visual Studio 2015 installiert
haben. Die meisten Funktionen für Node und die Zugriffe auf die
Repositories sind bereits fertig vorhanden.

 Pfadlänge

Die Arbeitsweise mit Visual Studio ist sehr einfach
und sehr komfortabel. Vor allem der Debugger ist
eine echte Hilfe. Leider hat Windows immer noch
eine Begrenzung der Pfadlänge auf 260 Zeichen. Viele
unter Linux erstellte Pakete nutzen tiefe Pfadstruk-
turen. Starten Sie am besten mit einem Stammpfad
wie *D:\Apps* oder *C:\Dev* und auf keinen Fall mit dem
Standardpfad von Visual Studio, der bereits fast 100
Zeichen lang ist. Halten Sie Projektnamen so kurz wie
möglich.

Ein neues einfaches Node-Projekt wird über die Projektvorlage
Blank Node.js Web Application erzeugt.

Abbildung: Node.js Projektvorlage

Wie bereits beschrieben startet Node die Applikation über die Anweisungen in der Datei *package.json*. Diese Datei ist im neuen Projekt bereits vorhanden. Als Startdatei wird *server.js* benutzt. Die Node-Applikation ist jetzt bereits startbereit – auch wenn noch nicht viel sinnvolles passiert – und kann gestartet werden. Drücken Sie wie immer einfach *F5*. Node startet in einer Konsole und der Browser öffnet sich mit der Ausgabe "Hello World". Diese Ausgabe wurde von der Projektvorlage erzeugt.

Im weiteren Verlauf des Textes wird der Vorgang für Visual Studio nicht jedesmal gezeigt, sondern die Kommandozeilenversion für Linux benutzt. Die Unterschiede sind minimal und in der folgenden Tabelle zusammengefasst.

Tabelle: Unterschiede Linux/Windows

Aktion	Linux	Windows+VS 2015
Starten	npm start	F5
Paket installieren	npm install pkg	Kontextmenü auf Ordner 'npm': *Install new Packages* > Paket suchen > *Install Package*

Abbildung: npm-Pakete mit Visual Studio 2015

1.4 Die erste Applikation

Die erste Applikation sollte besonders einfach sein. Die einfachste
Version einer *package.json*-Datei sieht folgendermaßen aus:

```
1   {
2     "name": "buch-beispiel",
3     "main": "server.js"
4   }
```

Da diese Konfiguration auf *server.js* verweist, wird dieses Skript als
nächstes erstellt. Damit Sie sehen, dass es funktioniert, soll es nur
Ausgaben mittels console.log erzeugen.

```
1   console.log('Unsere erste node-Applikation');
```

Starten Sie die Applikation wie zuvor beschrieben.

1.5 Pakete

Pakete erweitern die Funktionalität einer Applikation. Mit Node werden ja nicht nur Web-Applikationen erstellt, sondern auch betriebssystemunabhängige Programme und damit serverseitige Funktionen. Auch für ein einfaches Projekt werden zusätzliche Pakete benötigt – Node selbst ist sehr schlank und modular. Da Node fest mit der Paketverwaltung **npm** verbunden ist, werden beide Programme zur Nutzung und Verwaltung benutzt.

Pakete installieren

In der Konfigurationsdatei *package.json* werden neben der Applikation selbst auch Abhängigkeiten von weiteren Paketen definiert. Sie können die Pakete entweder manuell in der Datei eintragen oder dies dem Installationsprozess überlassen.

Hier ein Beispiel, in dem das Paket "Express" mit der Version "4.8.6" als zusätzliche Abhängigkeit definiert wird:

```
{
  "name": "buch-beispiele",
  "main": "server.js",
  "dependencies": {
    "express": "~4.8.6"
  }
}
```

Die Versionsnummer wurde hier mit einer Tilde ~ eingeleitet. Dieses Verfahren – die Tilde ist nur eine von viele Möglichkeiten – dient dazu Versionen mit semantischen Informationen zu stärken. Pakete werden schnell weiterentwickelt und bei vielen Abhängigkeiten kann es schwierig sein, sowohl aktuell als auch funktionssicher zu bleiben. Die Tilde sorgt dafür, dass die aktuellste Version im untergeordneten Zyklus benutzt wird. Die Version der dritten Stufe darf sich also ändern, die der zweiten nicht. Erscheint ein Paket mit der Version 4.8.7 oder 4.8.9, so wird dieses benutzt. Erscheint dagegen 4.9.0, so wird es nicht benutzt – der ungetestete Umstieg auf ein solches Release wäre zu riskant.

 Versionen

Versionen werden in vier Stufen angegeben: Major.Minor.Patch.Build. 4 ist im Beispiel "Express" eine Hauptversionsnummer, die lange Zeit stabil bleibt und sich nur bei grundlegenden Änderungen erhöht. 8 ist der aktuelle Entwicklungszyklus. 6 ist das Patch-Level, hier werden eher Korrekturen und kleinere Anpassungen erscheinen. Die Buildnummer wird oft nur intern benutzt und nicht an Paketverwaltungen verteilt.

Eine weitere Methode ist die Installation von Paketen über die Kommandozeile – konkret das Kommandozeilenwerkzeug (oder Command Line Interface, cli) – **npm**. Meist ist dies schneller und einfacher. Sie müssen nur entscheiden, ob das Paket nur lokal für eine einzige Applikation oder global für alle künftigen Projekte bereitgestellt wird.

Das Kommando lautet:

```
npm install <PaketName> --save
```

Führen Sie das Kommando im Ordner der Applikation aus und geben Sie die Option `--save` an, dann wird der Eintrag in der Datei *package.json* automatisch erscheinen. Das Paket selbst (also die Dateien, aus denen es besteht), werden in einem Ordner mit dem Namen *node_modules* abgelegt.

Nun kann es vorkommen, dass Sie Pakete in der Datei *package.json* haben, die noch nicht installiert sind. Der Abruf vom Repository muss erst noch erfolgen. Dazu reicht es aus, in dem Ordner, in dem die Datei *package.json* liegt, folgendes aufzurufen:

```
npm install
```

Abhängigkeiten von weiteren Paketen löst das Kommando selbst auf.

Wenn mehrere Pakete installiert werden sollen, dann können diese in einem Kommando angegeben werden (hier: *express*, *mongoose* und *passport*):

```
npm install express mongoose passport --save
```

Die komplette Installation einer Umgebung zum Entwickeln in Node benötigt also nur wenige Kommandos:

1. `npm init` initialisiert eine Standardumgebung
2. `package.json` konfiguriert diese Umgebung
3. `npm install` lädt die benötigten Pakete

1.6 Eine Serverapplikation erstellen

Node ist eine Serverapplikation. Diese muss gestartet werden, damit Anfragen bearbeitet werden können und Aktionen ausgeführt werden. Während mit Node sehr viel programmiert werden kann – bis hin zu Desktop-Applikationen – ist die Standardanwendung eine Webapplikation. Es gibt deshalb eine Bibliothek, die grundlegende Aufgaben einer Webapplikation übernimmt – Express. Die meisten Beispiele, die Sie im Web und auf Plattformen wie Stackoverflow[1] finden, nutzen Express.

 Mehr zu Express

Zu Express selbst gibt es ein weiteres Bändchen aus dieser Reihe.

---

[1]http://www.stackoverflow.com

Der erste Schritt in Node sollte jedoch noch ohne Express erfolgen, um das einfachst mögliche Beispiel zu sehen. Dieser Einführungstext emuliert bewusst einige Funktionen von Express, um die dort stark gekapselte Funktionalität verständlich zu machen.

Der einfachste Server

Grundlage der Applikation sind drei Dateien:

- *package.json*
- *server.js*
- *index.html*

package.json wurde bereits betrachtet – dies konfiguriert die Applikation. *server.js* ist der aktive Einsprungpunkt – dort startet das Skript. *index.html* ist eine statische HTML-Seite, die hier beispielhaft ausgeliefert wird.

Datei: package.json

```
1  {
2    "name": "http-server",
3    "main": "server.js"
4  }
```

Datei: index.html

```
1   <!DOCTYPE html>
2   <html lang="en">
3   <head>
4   <meta charset="UTF-8">
5   <title>Unsere erste Seite</title>
6   <style>
7   body {
8       text-align:center;
9       background:#EFEFEF;
10      padding-top:50px;
11  }
12  </style>
13  </head>
14    <body>
15
16    <h1>Hallo Node!</h1>
17
18    </body>
19    </html>
```

Die Datei *server.js* liefert den aktiven Teil:

Datei: server.js

```
1   var http = require('http');
2   var fs = require('fs');
3   var port = process.env.port || 1337;
4
5   http.createServer(function (req, res) {
6     console.log("Anforderung auf Port 1337")
7     res.writeHead(200, {
8       'Content-Type': 'text/html',
9       'Access-Control-Allow-Origin': '*'
10    });
11    var read = fs.createReadStream(__dirname + '/index.html');
12    read.pipe(res);
13  }).listen(port);
```

Hier werden zuerst zwei Bausteine aus Node benutzt: "http" und "fs". Das Modul "http" dient dazu, die HTTP-Kommunikation zu programmieren. Mit "fs" (File System) wird dagegen der Zugriff auf das Dateisystem möglich. Damit ist alles vorhanden, was dieses Programm benötigt – die Datei *index.html* kann gelesen und gesendet werden.

Starten Sie das Projekt nun wie zuvor beschrieben. Wenn nun mit Hilfe eines Browsers ein Abruf der vereinbarten Adresse *http://localhost:1337* erfolgt, erscheint die Beispielseite und auf der Konsole die Ausgabe "Anforderung auf Port 1337".

 Port

Der Port wurde hier völlig willkürlich festgelegt. Es gibt keine tiefere Bedeutung hinter 1337. Nehmen Sie einen freien Port größer 1000 für die ersten Tests.

Ein Server mit Express

Warum Express eine so herausragende Bedeutung hat, zeigt das folgende Beispiel. Es erfüllt dieselbe Aufgabe mit derselben Beispieldatei:

server.js mit Express 4

```
1   var http = require('http');
2   var express = require('express');
3   var path = require('path');
4
5   var port = process.env.port || 1337;
6   var app = express();
7
8   app.get('/', function (req, res) {
9     res.sendFile(path.join(__dirname, '/index.html'));
10  });
```

```
11
12   app.listen(port);
13   console.log('Abruf mit Express von Port 1337.');
```

Damit das funktioniert, muss zuerst Express installiert werden:

```
npm install express --save
```

Der Vorteil hier ist die Abstraktion der HTTP-Ebene. Sie müssen sich nicht mehr mit den Feinheiten des Protokolls auseinandersetzen. Sie müssen sich auch nicht um die Besonderheiten des Dateizugriffs kümmern.

1.7 Umgang mit Anfragen

Wie das Beispiel mit *Express* bereits gezeigt hat, geht es meist um die Verarbeitung einer spezifischen URL und die Ermittlung der passenden Aktion dazu. Dies kann mit Node direkt erfolgen. Gerade am Anfang ist es sinnvoll, den Mechanismus dahinter zu verstehen und auf komplexe Module erstmal zu verzichten.

Einführung in das Routing

Der Prozess des Weiterleitens wird allgemein als "Routing" bezeichnet. Die URL ist die "Route". Sie werden in der Praxis immer mehrere solcher Routen definieren und diesen dann Rückruffunktionen mitgeben, die aufgerufen werden, wenn mit dem passenden URL eine Anfrage erfolgt. Routen sind außerdem mit HTTP-Verben verbunden, also den in HTTP möglichen Kommandos wie GET oder POST.

Node stellt die Funktion url.parse bereit, um die Bestandteile eines URL zu ermitteln. Dazu muss man diese freilich kennen. Die folgende Abbildung erklärt dies.

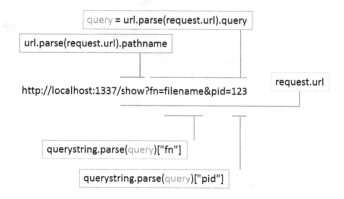

Abbildung: Bestandteile eines URL

Der Server wird außerdem etwas anders strukturiert – nämlich als eigenständiges Modul. Das sollten Sie sehr früh machen, denn JavaScript-Applikationen werden sehr schnell sehr unübersichtlich. Das Modul heißt in diesem Beispiel *start.js*.

Listing: Einfacher Server *start.js*

```
1   var http = require("http");
2   var url = require("url");
3
4   function start() {
5
6     console.log("Startet.");
7
8     function onRequest(request, response) {
9       var pathname = url.parse(request.url).pathname;
10      console.log("Anforderung für Pfad " + pathname + " erhalt\
11  en.");
12      response.writeHead(200, {
13        "Content-Type": "text/plain"
14      });
15      response.write("Der erste Server");
16      response.end();
17    }
18
```

```
19    var port = process.env.port || 1337;
20    http.createServer(onRequest).listen(port);
21    console.log("Ist gestartet.");
22
23  }
24
25  exports.start = start;
```

Module werden über den globalen Befehl exports bereitgestellt. Der interne und der externe Name müssen nicht zwingend übereinstimmen – es erleichtert aber die Wartung dies so zu tun. Die Datei *server.js* sieht nun folgendermaßen aus:

Datei: *server.js

```
1   var server = require('./start');
2
3   server.start();
```

Abbildung: Der Server erkennt die Pfade

Die Applikation ist nun in der Lage, aus des URL des anfordernden Clients den Pfad zu extrahieren. Dies ist der Ausgangspunkt für das Routing. Typische Routen sind dann:

- /index
- /logon
- /logoff

- /show
- /show?fn=filename

Nun ist es nicht besonders schlau, die Routerlogik in den Server zu packen. Schnell wird die Logik komplexer und dann wird der Code sehr schwer wartbar. Sie bekommen auch ein besseres Gefühl für die Art und Weise wie Router arbeiten, wenn Sie die Routerfunktion jetzt separieren.

Erstellen Sie eine neue JavaScript-Datei mit dem Namen *router.js*. Dies sieht folgendermaßen aus:

Datei: router.js

```
1  function route(pathname) {
2    console.log("Route für Pfad angefordert: " + pathname);
3  }
4  exports.route = route;
```

Dieses Skript enthält noch keine Funktionalität. Zuerst aber soll der Zusammenhang mit dem ersten Skript hergestellt werden. Die Verbindung kann direkt erfolgen oder über eine lose Kopplung. Als Entwurfsmuster wird Dependency Injection eingesetzt; ein Verfahren, bei dem dem Aufrufer die aufzurufende Abhängigkeit von außen injiziert wird.

 Dependency Injection

Lesen Sie dazu den Artikel von Martin Fowler[2] über lose gekoppelte Architekturen.

Nun die neue Serverfunktion, die Datei *server.js*.

---

[2]http://martinfowler.com/articles/injection.html

Datei: server.js

```
1   var server = require('./start');
2   var router = require('./router');
3
4   server.start(router);
```

Die Datei *start.js*, die den Applikationskern enthält, ist noch weitgehend unverändert. Lediglich die neue Router-Funktion wird aufgerufen, tut aber noch nichts sinnvolles außer der Konsolenausgabe.

Listing: *start.js* mit Router

```
1   var http = require("http");
2   var url = require("url");
3
4   function start(router) {
5
6     console.log("Startet.");
7
8     function onRequest(request, response) {
9       var pathname = url.parse(request.url).pathname;
10      router.route(pathname);
11      response.writeHead(200, {
12        "Content-Type": "text/plain"
13      });
14      response.write("Der erste Server");
15      response.end();
16    }
17
18    var port = process.env.port || 1337;
19    http.createServer(onRequest).listen(port);
20    console.log("Ist gestartet.");
21
22  }
23
24  exports.start = start;
```

Die Aufrufe von `require` suchen nach dem passenden Modul bzw. nach einer Datei mit dem angegebenen Namen. Die exportierten Namen lassen sich dann aufrufen. Der Zugriff auf `exports` im vorherigen Skript basiert auf einem globalen Modul, das Node immer bereitstellt.

Die Funktion *onRequest* ist in der Start-Funktion verborgen, sodass Sie privat bleibt. Sie wird dann als Rückruffunktion an die Methode `createServer` übergeben. Trifft eine Anfrage ein, wird Node die Methode *onRequest* aufrufen, um die Abarbeitung zu beginnen.

Nun kann die Applikation gestartet werden.

Architektur der Anwendung

Da nun verschiedene Aktionen für verschiedene Routen erledigt werden sollen, muss das erstellte Gerüst mit der dazu erforderlichen Logik befüllt werden. Als einfaches Beispiel eignet sich der Abruf einer Liste von Dateien (Route */show*) und die Möglichkeit, Dateien hochzuladen (Route */upload*). Dazu werden zuerst drei Methoden erstellt, die sich um die Ausführung kümmern:

- home: Die Startseite
- show: Anzeige der Dateiliste und Herunterladen einer Datei
- upload: Hochladen einer Datei

Auch dieser Teil wird als separates Modul bereitgestellt.

Datei: handlers.js

```
1   function home() {
2     console.log("Anforderung 'home' aufgerufen.");
3   }
4   function show() {
5     console.log("Anforderung 'show' aufgerufen.");
6   }
7   function upload() {
8     console.log("Anforderung 'upload' aufgerufen.");
9   }
10  exports.home = home;
11  exports.show = show;
12  exports.upload = upload;
```

Der Router bekommt nun Zugriff auf diese Funktionen, um bei einem Aufruf der Route die Aktion ausführen zu können. Damit die Zuordnung flexibel ist, werden die Routen mit den Handlern über ein JavaScript-Objekt verküpft.

Datei: server.js

```
1   var server = require("./start");
2   var router = require("./router");
3   var requestHandlers = require("./handlers");
4
5   var handler = {};
6   handler["/"] = requestHandlers.home;
7   handler["/show"] = requestHandlers.show;
8   handler["/upload"] = requestHandlers.upload;
9
10  server.start(router.route, handler);
```

Wird nun ein Pfad erkannt, der aus der Liste der Routen stammt, wird die entsprechende Methode aufgerufen. Aktion und Ausführung sind getrennt. Was hier entsteht ist übrigens eine Art Middleware – genau deshalb heißt das Framework, das am häufigsten

unter Node dafür benutzt wird auch *Express Middleware*. Wird also
der Pfad */show* erkannt, wird die Funktion *show()* in *requestHand-lers* aufgerufen.

Jetzt kann die eigentliche Funktionalität implementiert werden.
Node verfügt über eine Reihe eingebauter und einige nachladbare
Module, die die passenden Funktionen liefern.

Datei: start.js

```
1   var http = require("http");
2   var url = require("url");
3
4   function start(route, handler) {
5     function onRequest(request, response) {
6       var pathname = url.parse(request.url).pathname;
7       if (route(pathname, handler)) {
8         response.writeHead(200, {
9           "Content-Type": "text/plain"
10        });
11        response.write("Hallo Router");
12        response.end();
13      } else {
14        response.writeHead(404, {
15          "Content-Type": "text/plain"
16        });
17        response.write("404 Not found");
18        response.end();
19      }
20    }
21    var port = process.env.port || 1337;
22    http.createServer(onRequest).listen(port);
23    console.log("Server gestartet.");
24  }
25
26  exports.start = start;
```

In diesem Skript wird je nach Aufruf entweder der Pfad durch den
Router behandelt und dann die reguläre Antwort mit dem HTTP-

Statuscode 200 gesendet oder es wird – falls die Route nicht erkannt wurde – der Statuscode 404 gesendet.

Nun wird *router.js* erweitert. Der Aufruf der Methoden der Geschäftslogik erfolgt jetzt dynamisch und es existiert bereits eine elementare Fehlerbehandlung.

Datei: router.js

```
 1  function route(pathname, handler) {
 2    console.log("Anforderung für " + pathname);
 3    if (typeof handler[pathname] === 'function') {
 4      handler[pathname]();
 5      return true;
 6    } else {
 7      console.log("Keine Methode gefunden für " + pathname);
 8      return null;
 9    }
10  }
11  exports.route = route;
```

Hier wird zuerst geschaut (Zeile 3), ob eine Rückruffunktion für den entsprechenden Pfad existiert. JavaScript gibt undefined zurück, wenn dies nicht der Fall ist, sodass der else-Zweig ausgeführt wird. Existiert die Funktion, wird sie aufgerufen (Zeile 4). Die Funktion kann etwas zurückgeben (was noch implementiert werden muss) und dieser Rückgabewert wird später an den Server übergeben und dann zum Client gesendet. Hier wird nur true zurückgegeben, um dem Server anzuzeigen, dass alles in Ordnung ist.

Abbildung: Reaktion auf verschiedene Routen

Nun müssen noch die eigentlichen Funktionen der Geschäftlogik erstellt werden. Dazu müssen diese etwas zurückgeben, denn statt des statischen Texts soll eine Ausgabe in HTML an den Browser erfolgen.

Die dritte Version der Datei *start.js* zeigt nun, wie das geht:

Datei: start.js

```
 1   var http = require("http");
 2   var url = require("url");
 3
 4   function start(route, handler) {
 5     function onRequest(request, response) {
 6       var pathname = url.parse(request.url).pathname;
 7       var content = route(pathname, handler);
 8       if (content) {
 9         response.writeHead(200, {
10           "Content-Type": "text/plain"
11         });
12         response.write(content);
13         response.end();
14       } else {
15         response.writeHead(404, {
16           "Content-Type": "text/plain"
17         });
18         response.write("404 Not found");
19         response.end();
20       }
21     }
22     var port = process.env.port || 1337;
23     http.createServer(onRequest).listen(port);
24     console.log("Server gestartet.");
25   }
26
27   exports.start = start;
```

Wenn die Middleware-Funktionen nun HTML zurückgegeben, kann Node dies beim Abruf des passenden Pfades ausgeben. Die Überga-

be erfolgt in Zeile 10, die Ausgabe an den Client in Zeile 12.
Der Router gibt nun die Werte der aufgerufenen Logikfunktionen
zurück (Zeile 4):

Datei: router.js

```
1  function route(pathname, handler) {
2    console.log("Anforderung für " + pathname);
3    if (typeof handler[pathname] === 'function') {
4      return handler[pathname]();
5    } else {
6      console.log("Keine Methode gefunden für " + pathname);
7      return null;
8    }
9  }
10 exports.route = route;
```

Die Geschäftslogik in *handler.js* sollte nun etwas zurückgeben statt
der für den Browser unsichtbaren Konsolenausgaben:

Datei: handlers.js

```
1  function home() {
2    return "Anforderung 'home' aufgerufen.";
3  }
4  function show() {
5    return "Anforderung 'show' aufgerufen.";
6  }
7  function upload() {
8    return "Anforderung 'upload' aufgerufen.";
9  }
10 exports.home = home;
11 exports.show = show;
12 exports.upload = upload;
```

Soweit funktioniert das und kann benutzt werden. Allerdings wird
im Beispiel mit Dateien gearbeitet. Dies kann problematisch sein,

wenn die Operationen etwas dauern. Node ist wie jede JavaScript-Implementierung single-threaded, kann also immer nur eine Anfrage zugleich bearbeiten. Bei hoher Last kann dies zu einem Engpass führen. Anforderungen sollten deshalb immer asynchron behandelt werden. Während der Server auf der Festplatte mit Hilfe des Betriebssystem nach Dateien sucht, kann Node weitere Anforderungen bearbeiten. Freilich muss die Dateifunktion dazu sofort zurückkehren und eine weitere Rückruffunktion ist erforderlich.

Synchrone und Asynchrone Aufrufe

Man unterscheidet hier zwischen synchronen und asynchronen Aufrufen. Synchrone Aufrufe blockieren Node, asynchrone dagegen nicht. Es ist "best practice" in JavaScript immer asynchron zu programmieren.

Das Beispiel nutzt Dateizugriffsfunktionen, die Node über das Modul 'fs' (File System) bereitstellt. Die Funktionen sind standardmäßig asynchron und nur im Bedarfsfall auch synchron benutzbar.

Ausschnitt aus handlers.js (synchron)

```
1   var fs = require('fs');
2
3   function home() {
4     return fs.readFileSync('views/home.html');
5   }
```

Damit die Programmierung nicht übermäßig komplex wird, ist es am besten die Anforderung selbst an die asynchron arbeitende Logik weiterzugeben. Damit wird das *response*-Objekt übergeben und der Aufruf von write und end erfolgt nun dort.

Datei: start.js

```
 1   var http = require("http");
 2   var url = require("url");
 3
 4   function start(route, handler) {
 5     function onRequest(request, response) {
 6       var pathname = url.parse(request.url).pathname;
 7       var content = route(pathname, handler, response);
 8       if (!content) {
 9         response.writeHead(404, {
10           "Content-Type": "text/plain"
11         });
12         response.write("404 Not found");
13         response.end();
14       }
15     }
16     var port = process.env.port || 1337;
17     http.createServer(onRequest).listen(port);
18     console.log("Server gestartet.");
19   }
20
21   exports.start = start;
```

Die eigentliche Ausgabe wurde an die Logik weitergereicht (Zeile 7). Nur der Fehlerfall wird noch hier behandelt.

Die Logik beginnt mit der Abstraktion über den Router, der durch die invers verbundene Konfiguration von außen gesteuert werden kann. Die Rückgabe der Ausgabe erfolgt mit dem Aufruf der Funktion in Zeile 4 der Datei *router.js*.

Datei: router.js

```
1   function route(pathname, handler, response) {
2     console.log("Anforderung für " + pathname);
3     if (typeof handler[pathname] === 'function') {
4       return handler[pathname](response);
5     } else {
6       console.log("Keine Methode gefunden für " + pathname);
7       return null;
8     }
9   }
10  exports.route = route;
```

In der Datei *handlers.js* erfolgt nun der Aufruf asynchron und in der Rückruffunktion wird die Antwort erstellt. Das Modul 'fs' (File System) leistet gute Arbeit dabei, diese an den Browser zu senden.

Ausschnitt aus handlers.js (asynchron)

```
1   var fs = require('fs');
2
3   function home(response) {
4     fs.readFile('views/home.html', function (err, data) {
5       response.writeHead(200, {
6         "Content-Type": "text/html"
7       });
8       response.write(data);
9       response.end();
10    });
11    return true;
12  }
```

Dynamisches HTML

Ohne Template-System muss viel HTML manuell erstellt werden. Manchmal reicht es, aber das folgende Beispiel zeigt auch, warum sich Template-Engines wie JADE so großer Beliebtheit erfreuen.

Die folgende Erweiterung geht davon aus, dass ein Ordner mit dem Namen *files* existiert. Die Funktion *show* der Geschäftslogik wird benutzt, um alle Dateien in diesem Ordner anzuzeigen.

Ausschnitt aus handlers.js (asynchron)

```
1   var fs = require('fs');
2
3   function show(response) {
4     fs.readdir('files', function (err, list) {
5       response.writeHead(200, { "Content-Type": "text/html" });
6       var html = '<html><head></head>' +
7                  '<body><h1>Dateimanager</h1>';
8       if (list.length) {
9         html += "<ul>";
10        for (i = 0; i < list.length; i++) {
11          html += '<li><a href="/show?fn=' +
12                  list[i] + '">' +
13                  list[i] + '</a></li>';
14        }
15        html += "</ul>";
16      } else {
17        html += '<h2>Keine Dateien gefunden</h2>';
18      }
19      html += '</body></html>';
20      response.write(html);
21      response.end();
22    });
23    return true;
24  }
```

Hier wird der Ordner mit fs.readdir gelesen und eine Liste von Hyperlinks erstellt; für jede Datei einer. Nun müssen die Dateien noch in den Ordner gelangen.

HTML-Dateien senden

Ändern Sie zuerst die HTML-Datei, die an den Browser gesendet werden soll, wie nachfolgend gezeigt.

Datei: views/home.html

```
1   <html>
2     <head>
3       <meta http-equiv="Content-Type"
4             content="text/html; charset=UTF-8" />
5     </head>
6     <body>
7       <h1>Dateimanager</h1>
8       <a href="/show">Zeige alle Dateien</a>
9
10      <form action="/upload" method="post">
11        <input type="file" />
12        <input type="submit" value="Datei hochladen" />
13      </form>
14    </body>
15  </html>
```

Die Logik ist jetzt bereits in der Lage, eine HTML-Seite von der Festplatte zu laden und an den Browser zu senden. Sie kann außerdem
alle Dateien anzeigen.

Als Kodierung (encoding) wurde hier UTF-8 gewählt.

UTF-8

Heutzutage unterstützen alle Browser UTF-8 und die Kodierung von Sonderzeichen und Umlauten ist damit problemlos möglich. Die "alten" HTML-Entitäten wie ü für "ü" sind obsolet. HTML 5 erlaubt die Angabe der Kodierung im Protokoll über das Kopffeld *Content-Type* oder im HTML-Kopf mit einem der folgenden Meta-Tags:

```
<meta        charset="utf-8"        />    <meta
http-equiv="Content-Type" ' content="text/html;
charset=utf-8" />'
```

Die Angabe ist insofern etwas irritierend, als dass der Zeichensatz (charset) eigentlich Unicode ist und dieser Zeichensatz dann mittels UTF-8 kodiert wird. Als Entwickler müssen Sie nur wissen, dass Sie HTML-Seiten als UTF-8 ablegen und das passende Kopffeld senden.

Im letzten Beispiel fehlt zur Komplettierung noch die Funktion *upload*. Das Übertragen von Dateien erfolgt zusammen mit anderen Formulardaten mit Hilfe des HTTP-Verbs POST. Das Absenden erledigt der Browser, wenn ein Formular benutzt wird. Der nächste Schritt besteht zunächst darin, die Verben zu erkennen und zu beschränken.

Beschränkung der Verben

Der bereits gezeigte Code funktioniert, allerdings reagiert Node auf alle HTTP-Verben. Das ist in Praxis kritisch, weil unsinnige Wege in die Applikation geöffnet werden. Die Beschränkung besteht also darin, nur auf GET bzw. auf POST zu reagieren.

POST wird nur benötigt, um Daten vom Browser zum Server zu transportieren. Der Server empfängt also alle anderen Anfragen nur mit GET.

Datei: handlers.js

```
1   var fs = require('fs');
2
3   function home(request, response) {
4     if (request.method !== 'GET') {
5       response.writeHead("405");
6       response.end();
7     }
8     fs.readFile('views/home.html', function (err, data) {
9       response.writeHead(200, { "Content-Type": "text/html" });
10      response.write(data);
11      response.end();
12    });
13    return true;
14  }
15  function show(request, response) {
16    if (request.method !== 'GET') {
17      response.writeHead("405");
18      response.end();
19    }
20    fs.readdir('files', function (err, list) {
21      response.writeHead(200, { "Content-Type": "text/html" });
22      var html = '<html><head></head>' +
23                 '<body><h1>Dateimanager</h1>';
24      if (list.length) {
25        html += "<ul>";
26        for (i = 0; i < list.length; i++) {
27          html += '<li><a href="/show?fn=' + list[i] + '">' + l\
28  ist[i] +
29                  '</a></li>';
30        }
31        html += "</ul>";
32      } else {
33        html += '<h2>Keine Dateien gefunden</h2>';
34      }
35      html += '</body></html>';
36      response.write(html);
37      response.end();
```

```
38    });
39    return true;
40  }
41  function upload(request, response) {
42    if (request.method !== 'POST') {
43      response.writeHead("405");
44      response.end();
45    }
46    return true;
47  }
48  exports.home = home;
49  exports.show = show;
50  exports.upload = upload;
```

Da das angeforderte Verb in der Anforderung *request* steht, muss dieser Parameter auch mit übergeben werden. In der Datei *start.js* sieht Zeile 7 nun wie folgt aus:

```
var content = route(pathname, handler, request, response);
```

In der Datei *router.js* sieht das nun so aus:

Datei: router.js

```
1   function route(pathname, handler, request, response) {
2     console.log("Anforderung für " + pathname);
3     if (typeof handler[pathname] === 'function') {
4       return handler[pathname](request, response);
5     } else {
6       console.log("Keine Methode gefunden für " + pathname);
7       return null;
8     }
9   }
10  exports.route = route;
```

Umgang mit Formulardaten

Auf der untersten Ebene werden die Formulardaten als simple Byte-folge weitergereicht. Da hier noch keine hilfreichen Bibliotheken im Einsatz sind, muss die Verarbeitung selbst erfolgen. Es ist Sache des Servers, diese Daten aufzubereiten. Bevor die Methode *upload* aufgerufen wird, sollten die Daten bereits vorliegen.

Das request-Objekt stellt einige Ereignisse bereit, um auf Daten reagieren zu können. Die Übergabe von *request* erfolgt bereits im vorhergehenden Schritt, sodass nur wenige Änderungen notwendig sind. Nutzbar sind hier die Ereignisse data beim Eintreffen von Daten und end, wenn keine Daten mehr vorliegen.

```
1   request.addListener("data", function(chunk) {
2     // Daten empfangen
3   });
4   request.addListener("end", function() {
5     // Keine Daten mehr
6   });
```

Das Ereignis data wird mehrfach aufgerufen. Sie müssen hier die Daten zusammensammeln und dann komplett an die entsprechende Methode übergeben. In *handlers.js* wird der Parameter *postData* eingeführt, an den – wenn vorhanden – die Daten übergeben werden. Nun muss nur noch die Datei *start.js* erweitert werden, damit die Daten ausgewertet werden und natürlich *router.js*, damit das Weiterreichen funktioniert.

Datei: start.js

```
1   var http = require("http");
2   var url = require("url");
3
4   function start(route, handler) {
5     function onRequest(request, response) {
6       var pathname = url.parse(request.url).pathname;
7       var content;
8       var postData = '';
9       request.setEncoding("utf8");
10      if (request.method === 'POST') {
```

```
11    request.addListener("data", function (chunk) {
12      postData += chunk;
13    });
14    request.addListener("end", function () {
15      content = route(handler, pathname,
16                          request, response, postData);
17    });
18  } else {
19    content = route(handler, pathname, response);
20  }
21  var content = route(pathname, handler,
22                      request, response);
23
24  if (!content) {
25    response.writeHead(404, {
26      "Content-Type": "text/plain"
27    });
28    response.write("404 Not found");
29    response.end();
30  }
31  }
32  var port = process.env.port || 1337;
33  http.createServer(onRequest).listen(port);
34  console.log("Server gestartet.");
35  }
36
37 exports.start = start;
```

In Zeile 5 wird eine Variable definiert, die die Formulardaten aufnimmt. Ab Zeile 12 folgen die beiden Ereignisbehandlungsmethoden, in denen die Daten gesammelt werden. Folgen keine Daten mehr, so erfolgt in Zeile 16 der Aufruf des Routers und damit der Aufruf der passenden Methode. Liegen keine Daten vor, beispielsweise bei GET, so wird die Router-Methode direkt aufgerufen.

Datei: router.js

```
 1  function route(pathname, handler,
 2                  request, response, postData) {
 3    console.log("Anforderung für " + pathname);
 4    if (typeof handler[pathname] === 'function') {
 5      return handler[pathname](request, response, postData);
 6    } else {
 7      console.log("Keine Methode gefunden für " + pathname);
 8      return null;
 9    }
10  }
11  exports.route = route;
```

Der Wert in *postData* wird einfach durchgereicht. Ist er null oder undefined, so wird auch dies von JavaScript weitergereicht. Eine Fehlerbehandlung ist nicht erforderlich an dieser Stelle.

Verarbeiten von Formulardaten

Formulardaten werden in HTTP auf verschiedenen Wegen verarbeitet. Der einfachste Fall sind simple Formularfelder. Dann stehen die Daten in Form einer Kette von Schlüssel-/Wertepaaren in der Anforderung:

```
Name=Gareth+Wylie&Age=24&Formula=a+%2B+b+%3D%3D+13%25%21
```

Wenn jedoch Dateien hochgeladen werden, sind diese oft binär und müssen entsprechend kodiert werden. Der Empfänger muss nun wissen, wie er aus den kodierten Daten das ursprüngliche Binärformat wieder erstellen soll. Dazu gibt es den MIME-Standard (multipurpose internet mail extensions). Ursprünglich wurde dies entwickelt, um Bilder in E-Mails einzubetten.

POST und MIME

Eine sehr umfassende Darstellung zu POST ist auf Wikipedia (in Englisch)[3] zu finden. Zu MIME[4] ist in derselben Quelle ebenfalls viel Information zu finden. Die Beispiele in diesem Abschnitt stammen aus diesen Wikipedia-Artikeln.

Mit MIME sieht die Kodierung einer Datei etwa folgendermaßen aus:

```
1   MIME-Version: 1.0
2   Content-Type: multipart/mixed; boundary=frontier
3
4   This is a message with multiple parts in MIME format.
5   --frontier
6   Content-Type: text/plain
7
8   This is the body of the message.
9   --frontier
10  Content-Type: application/octet-stream
11  Content-Transfer-Encoding: base64
12
13  PGh0bWw+CiAgPGh1YWQ+CiAgPC9oZWFkPgogIDxib2R5PgogICAgPHA+VGhpc\
14  yBpcyB0aGUUg
15  Ym9keSBvZiB0aGUUgbWVzc2FnZS48L3A+CiAgPC9ib2R5Pgo8L2h0bWw+Cg==
16  --frontier--
```

Beide Darstellungen deuten an, dass die Verarbeitung von Formulardaten nicht trivial ist, zumal die Beispiele nur einen kleinen Teil der Möglichkeiten wiedergeben. Es ist an der Zeit, hier auf eine weitere **npm**-Bibliothek zurückzugreifen. Ein guter Start ist die Bibliothek *formidable*.

Installieren Sie *formidable* zuerst. Machen Sie es optional auch global verfügbar (Option -g), um es in anderen Projekten zu benutzen:

---

[3]https://en.wikipedia.org/wiki/POST_(HTTP)
[4]https://en.wikipedia.org/wiki/MIME#Form-Data

```
npm install formidable@latest --save -g
```

Eine via POST eintreffende Datei kann damit folgendermaßen
empfangen werden:

```
 1  var formidable = require('formidable'),
 2      http = require('http'),
 3      util = require('util');
 4
 5  http.createServer(function(req, res) {
 6    if (req.url == '/upload' && req.method === 'POST') {
 7      // Parser
 8      var form = new formidable.IncomingForm();
 9
10      form.parse(req, function(err, fields, files) {
11        res.writeHead(200, {'content-type': 'text/plain'});
12        res.write('Dateien: ');
13        res.end(files.length);
14      });
15
16      return;
17    }
18
19    // Formular
20    res.writeHead(200, {'content-type': 'text/html'});
21    res.end(
22      '<form action="/upload" enctype="multipart/form-data" ' +
23            'method="post">'+
24      '<input type="text" name="title"><br>'+
25      '<input type="file" name="upload" multiple="multiple">'+
26      '<br /><input type="submit" value="Upload">'+
27      '</form>'
28    );
29  }).listen(8080);
```

Wichtig ist hier die Gestaltung des Formulars. In Zeile 19 steht
enctype="multipart/form-data". Mit diesem Attribut wird das
Kodieren nach MIME ausgelöst. Nun wird noch ein Eingabeelement

benötigt, dass die Datei auf der Festplatte des Benutzers auswählt (Zeile 21). Die Methode parse wird beim Eintreffen dann die Daten untersuchen und bereitstellen (Zeile 10).

 Dokumentation

Das Modul *formidable* ist auf Github[5] zu finden.

Die Verarbeitungsmethode *parse* gibt zwei Objekte zurück, *files* und *fields*. Darin sind die Dateien zu finden und die anderen Felder des Formulars. Die Struktur sind etwa folgendermaßen aus:

```
1   fields: { title: 'Hello World' }
2
3   files: {
4     upload: {
5       size: 1558,
6       path: '/tmp/1c747974a27a6292743669e91f29350b',
7       name: 'us-flag.png',
8       type: 'image/png',
9       lastModifiedDate: Tue, 21 Jun 2011 07:02:41 GMT,
10      _writeStream: [Object],
11      length: [Getter],
12      filename: [Getter],
13      mime: [Getter]
14      }
15    }
16  }
```

Interessant ist hier die Angabe *path*. Dies ist der temporäre Ort, wo die Datei erstmal abgelegt wurde. Von dort kann sie nun – wenn alle anderen Rahmenbedingungen passen – in den Applikationsordner kopiert werden.

---

[5]https://github.com/felixge/node-formidable

Verarbeiten des Querystring

Die Anzeigemethode soll dazu dienen, die Dateien zum Herunterladen anzubieten. Dazu wird ein Parameter übergeben – der
Dateiname. Die Übergabe von Daten in HTTP mittels URL erfolgt
über den Teil nach dem Fragezeichen, dem Querystring. Auch für
die Verarbeitung dieser Daten gibt es ein Modul in Node:

```
var querystring = require("querystring")
```

Eine separate Installation des Moduls ist nicht notwendig. Wegen
der herausragenden Bedeutung ist es immer verfügbar. In der
Applikation werden dann die Links zu den Dateien dynamisch
erzeugt und ins bestehende HTML eingebettet. Die Dateinamen
hängen als Parameter an den Links in der Form *fn=filename*. Der
Querystring muss also auf das Feld *fn* hin untersucht werden.

Der Abruf der Daten sieht dann folgendermaßen aus:

```
querystring.parse(request.url.querystring).fn
```

Das Ergebnis ist der Dateiname oder undefined, falls der Parameter
nicht gefunden wurde. Die fertige *show*-Funktion sieht nun wie
folgt aus:

Datei: handlers.js

```
1   var fs = require("fs");
2
3   function home(response, postData) {
4     // Unverändert
5   }
6   function show(response, postData) {
7     if (response.Method !== 'GET') {
8       response.write("405 Method not allowed");
9     }
10    console.log("Anforderung 'show' aufgerufen.");
11
12    response.write();
13    response.end();
```

```
14   }
15   function upload(response, postData) {
16     // unverändert
17   }
18   exports.home = home;
19   exports.show = show;
20   exports.upload = upload;
```

Der Querystring steckt in *request*. Dieses Objekt wird bereits weitergeleitet. Es ist allerdings sinnvoll, die Unterscheidung zwischen Daten aus GET und solchen aus POST aufzulösen und nur mit Daten zu arbeiten. Das kann in der vorherigen Schicht außerhalb der Logik erfolgen, sodass alle Methoden der Geschäftslogik davon profitieren. Die beiden Verben sind gegenseitig exklusiv, es kann deshalb nie zu Konflikten kommen. Der Server liefert damit entweder die Daten über form.parse oder über querystring.parse. In beiden Fällen handelt es sich um ein JavaScript-Objekt.

1.8 Die vollständige Applikation

Mit diesem Code kann die Applikation fertiggestellt werden. Die Bausteine sind:

- Eine HTML-Seite, die als Startseite und zur Anzeige aller Dateien dient. Auf dieser Seite ist auch das Formular zum hochladen zu finden
- Der Server, der Anforderungen empfängt, aufbereitet und an den Router übergibt
- Der Router, der die Pfade erkennt:
  - */home* zur Startseite
  - */show* zum Herunterladen einer Datei
  - */upload* zum Hochladen einer Datei
- Eine kleine Geschäftslogik, die die Daten verarbeitet und bereitstellt

Praktisch ist jede Webapplikation ähnlich aufgebaut – wenn auch ungleich komplexer. Die primitive innere Struktur von Node führt zu enormer Performance und die Eingriffsmöglichkeiten sind fast grenzenlos. Allerdings sind Sie als Entwickler gut beraten, sich mit den Grundlagen der Protokolle und elementaren Techniken der Informatik auseinanderzusetzen (HTTP, MIME, Kodierung mit UTF-8 usw.).

Hier das fertige Programm, bestehend aus:

- *server.js*
- *start.js*
- *router.js*
- *handler.js*
- *home.html*

Auf dem Zielsystem muss noch der Ordner *files* so konfiguriert werden, dass der Prozess, unter dem Node ausgeführt wird, dort (und nur dort) Schreibrechte hat, damit das Hochladen der Dateien funktioniert.

Das fertige Programm nutzt noch eine weitere Node-Bibliothek: *mime*. Sie dient der Ermittlung des richtigen *Content-type*-Kopffeldes beim Herunterladen der Dateien. Installieren Sie es wie folgt:

```
npm install mime --save
```

Die Applikation *server.js*

Die Applikation startet in der Datei *server.js*. Hier werden die anderen Module eingebunden. Gegenüber den vorherigen Versionen ist die Vereinbarung der Routen nicht nur an den Namen, sondern auch an das passende HTTP-Verb gebunden. Damit ist die einzelne, wiederholte Abfrage der Methode nicht mehr erforderlich.

Datei: server.js

```
 1  var server = require("./start");
 2  var router = require("./router");
 3  var requestHandlers = require("./handlers");
 4
 5  var handler = {};
 6  handler[["/", 'GET']] = requestHandlers.home;
 7  handler[["/show", 'GET']] = requestHandlers.show;
 8  handler[["/upload", 'POST']] = requestHandlers.upload;
 9
10  server.start(router.route, handler);
```

Das Startskript *start.js*

Der Funktionsstart selbst wird entsprechend erweitert. Zum einen ist die Ausführungsmethode in die neue Funktion *execute* verschoben, da sie mehrfach benötigt wird. Die Geschäftslogik kümmert sich wieder selbst um das Senden der Daten. Nur wenn dies misslingt, wird der generische Fehler *400 Bad request* gesendet.

 Bad Request

Oft wird lange und kompliziert darüber nachgedacht, welcher HTTP-Code sich dazu eignet, Fehler an den Client zu melden. Das ist der Mühe nicht wert. Der Benutzer kann letztlich mit keiner Meldung etwas anfangen. Er wird immer mit einer allgemeinen Fehlerseite abgehandelt werden müssen. Konkrete Fehler sind eher gefährlich, denn wenn nicht ein regulärer Benutzer sondern ein Hacker den Server angreift, liefert jede Fehlermeldung Hinweise auf weiteres Angriffspotenzial. Der generische Fehler *400 Bad request* sagt nichts aus, außer dass die Aktion misslungen ist.

Im Skript werden einige Module benutzt. *http, url* und *querystring* sind intern in Node verfügbar. *formidable* wurde zusätzlich via **npm** installiert. In der Methode *onRequest* wird der Pfad für das Routing ermittelt und der Querystring extrahiert (Zeile 16). Bei POST erfolgt noch das Auswerten der Formulardaten.

POST und Querystring

Theoretisch kann eine POST-Anforderung auch Daten im Querystring haben. Solche Vermischungen sind zwar keine so gute Idee, aber die generelle Abfrage von Querystring-Daten ist korrekt.

Aus den Daten wird dann das *data*-Objekt erstellt, sodass Formulardaten, Querystring-Daten und hochgeladene Dateien an die Geschäftslogik übergeben werden können.

Datei: start.js

```
1   var http = require("http");
2   var url = require("url");
3   var formidable = require("formidable");
4   var querystring = require("querystring");
5
6   function start(route, handler) {
7
8     function execute(pathname, handler, request, response, data\
9   ) {
10      var content = route(pathname, handler,
11                          request, response, data);
12      if (!content) {
13        response.writeHead(400, {
14          "Content-Type": "text/plain"
15        });
16        response.write("400 Bad request");
17        response.end();
18      }
19    }
20
21    function onRequest(request, response) {
```

```
22    var pathname = url.parse(request.url).pathname;
23    var query = url.parse(request.url).query;
24    if (request.method === 'POST') {
25      var form = new formidable.IncomingForm();
26      form.parse(request, function (err, fields, files) {
27        if (err) {
28          console.error(err.message);
29          return;
30        }
31        var data = { fields: fields, files: files };
32        execute(pathname, handler, request, response, data);
33      });
34    }
35    if (request.method === 'GET') {
36      var data = {
37        fields: querystring.parse(query)
38      };
39      execute(pathname, handler, request, response, data);
40    }
41  }
42  var port = process.env.port || 1337;
43  http.createServer(onRequest).listen(port);
44  console.log("Server gestartet.");
45  }
46
47  exports.start = start;
```

Am Server selbst wurde hier nichts geändert – dieser Teil entspricht den vorherigen Beispielen.

Die Routingfunktionen *router.js*

Der Router ist weitgehend unverändert. Einzige Anpassung betrifft die Nutzung von Pfad und HTTP-Verb bei der Wahl der auszuführenden Methode durch ein Array: [pathname, method]. Übergeben wird nur die Antwort *response*, weil die ausführenden Methoden ihre Daten selbst senden sollen, und die ermittelten

Daten der Anforderung. So muss die Anforderung selbst nicht mehr
weitergereicht werden.

Datei: router.js

```
1   function route(pathname, handler, request, response, data) {
2     console.log("Anforderung für " + pathname);
3     var method = request.method;
4     if (typeof handler[[pathname, method]] === 'function') {
5       return handler[[pathname, method]](response, data);
6     } else {
7       console.log("Keine Methode gefunden für " + pathname +
8                   " und Verb " + method);
9       return null;
10    }
11  }
12  exports.route = route;
```

Die Geschäftslogik *handler.js*

Die Geschäftslogik umfasst die drei Methoden, die "etwas tun":

- *home*: Aufruf der Startseite mit dem Formular zum Hochladen
- *show*: Anzeige aller hochgeladenen Dateien oder Herunterladen einer Datei
- *upload*: Hochladen einer Datei und Weiterleiten auf *show*

Datei: handler.js (home)

```
1   var fs = require('fs');
2   var path = require('path');
3   var mime = require('mime');
4
5   function home(response, data) {
6     fs.readFile('views/home.html', function (err, data) {
7       response.writeHead(200, { "Content-Type": "text/html" });
8       response.write(data);
9       response.end();
10    });
11    return true;
12  }
```

Hier wird die HTML-Datei asynchron gelesen und dann an den Client geliefert.

In *show* werden zwei Aktionen ausgeführt. Zum einen wird der Parameter 'fn' abgefragt. Ist dort ein Dateiname zu finden, wird die Datei synchron gelesen und zum Herunterladen ausgeliefert. Zum anderen wird, wenn kein Parameter vorliegt, eine weitere HTML-Seite dynamisch erzeugt, die alle Dateien als Links mit Parameter enthält (ab Zeile 13). Die Steuerung des Herunterladens erfolgt über spezielle Kopffelder, die mit response.setHeader erzeugt werden.

Hier wird das Senden mit response.end vorgenommen, was eine Zusammenfassung aus write und end ist. Die Angabe von 'binary' ist zwingend erforderlich, sonst nimmt Node an, dass der Inhalt Text ist und versucht die standardmäßig benutzte Kodierung UTF-8 zu erzwingen. Bilder oder andere Binärdateien werden dadurch jedoch zerstört.

Datei: handler.js (show)

```
1   function show(response, data) {
2     // Herunterladen
3     if (data.fields && data.fields['fn']) {
4       var name = data.fields['fn'];
5       var file = path.join(__dirname, '/files', name);
6       var mimeType = mime.lookup(file);
7       response.setHeader('Content-disposition',
8                          'attachment; filename=' + name);
9       response.setHeader('Content-type', mimeType);
10      var filedata = fs.readFileSync(file, 'binary');
11      response.end(filedata, 'binary');
12      return true;
13    }
14    // Alle anzeigen
15    fs.readdir('files', function (err, list) {
16      response.writeHead(200, { "Content-Type": "text/html" });
17      var html = '<html><head></head>' +
18                 '<body><h1>Dateimanager</h1>';
19      if (list.length) {
20        html += "<ul>";
21        for (i = 0; i < list.length; i++) {
22          html += '<li><a href="/show?fn=' + list[i] + '">' +
23                   list[i] + '</a></li>';
24        }
25        html += "</ul>";
26      } else {
27        html += '<h2>Keine Dateien gefunden</h2>';
28      }
29      html += '</body></html>';
30      response.write(html);
31      response.end();
32    });
33    return true;
34  }
```

Der dritte Teil ist die Funktion zum Hochladen. Auch Sie basiert auf Parametern – speziell dem Feld 'fn' aus dem HTML-Formular.

Trickreich ist die Kopierfunktion *copyFile*, die Streams benutzt und besonders effizient ist. Die Funktion ist asynchron programmiert und informiert den Aufrufer über die Rückruffunktion *callback*, wenn die Aktion abgeschlossen ist. Die Funktion *upload* leitet dann auf die Übersichtsseite *show* weiter, sodass sich der Benutzer über den Erfolg der Aktion informieren kann.

Datei: handler.js (upload)

```
1  function upload(response, data) {
2    // Hochladen
3    var temp = data.files['fn'].path;
4    var name = data.files['fn'].name;
5    copyFile(temp, path.join('./files', name), function (err) {
6      if (err) {
7        console.log(err);
8        return false;
9      } else {
10       // Dateiliste anzeigen
11       return show(response, data);
12     }
13   });
14   return true;
15 }
16
17 function copyFile(source, target, callback) {
18   var rd = fs.createReadStream(source);
19   rd.on('error', function (err) { callback(err); });
20   var wr = fs.createWriteStream(target);
21   wr.on('error', function (err) { callback(err); });
22   wr.on('finish', function () { callback(); });
23   rd.pipe(wr);
24 }
25
26 exports.home = home;
27 exports.show = show;
28 exports.upload = upload;
```

Die Daten in data.files['fn'] bieten weit mehr als nur Name und Pfad. So können hier Angaben zum Dateityp, der Dateigröße und dem Datum gefunden werden.

Server- versus Client-Upload

Die hier vorgestellte Version nutzt sogenanntes Server-Upload. Dabei darf der Client alles senden. Der Server legt die Daten in einem temporären Verzeichnis ab und stellt sie dann bereit. Das Server-Skript entscheidet dann, was mit den Daten passiert. Das hat den Nachteil, dass der Benutzer möglicherweise große oder unzulässige Dateien überträgt, lange wartet, und dann eine Fehlermeldung bekommt. Clientseitige Upload-Funktionen lassen sich in JavaScript im Browser programmieren und übertragen nur dann, wenn es sinnvoll und erfolgversprechend ist. Dies wird hier nicht betrachtet.

Vorlage der HTML-Seite *home.html*

Als letztes soll nochmal die Formularseite vorgestellt werden. Dies dient dazu, zur Seite mit der Liste der Dateien zu verzweigen und sie enthält das Formular zum Hochladen.

Datei: home.html

```
1   <html>
2   <head>
3     <meta http-equiv="Content-Type"
4         content="text/html; charset=UTF-8" />
5   </head>
6   <body>
7     <h1>Dateimanager</h1>
8     <a href="/show">Zeige alle Dateien</a>
9     <hr />
10    <form action="/upload" method="post"
```

```
11        enctype="multipart/form-data">
12     <input type="file" name="fn" />
13     <input type="submit" value="Datei hochladen" />
14   </form>
15  </body>
16  </html>
```

Achten Sie auf den Namen des Eingabeelements 'file' – `name='fn'`.
Dieser Name muss mit dem im Code benutzten Wert 'fn' übereinstimmen. Wichtig ist auch das folgende Attribut:

```
enctype="multipart/form-data"
```

Dies erlaubt die Kodierung der Dateien für die Übertragung mit
HTTP. Wenn Sie nur Formulardaten verarbeiten möchten, jedoch
keine Dateien, dann lassen Sie das Attribut weg.

1.9 Zusammenfassung

Dieses Kapitel zeigte eine erste, kompakte Einführung in Node. Soweit möglich, wurden keine zusätzlichen Bibliotheken wie *Express*
oder Template-Engines wie *JADE* eingesetzt. Da Node recht einfach
ist, mussten einige Aktionen, die durch das Protokoll HTTP bedingt
sind, selbst programmiert werden. Dafür gibt es natürlich viele
fertige Lösungen. Im nächsten Kapitel werden überblicksweise und
an der Dokumentation orientiert die wichtigsten Module von Node
vorgestellt, mit denen sich erste Applikationen entwickeln lassen.

2. Die Bausteine des MEAN-Stack

MEAN steht für MongoDb, Express, AngularJS und Node. Node ist die Grundlage des Stacks. Express liefert einen bequemen Zugang zu HTTP. AngularJS bedient den Client mit Hilfe eines MVC-Patterns (Model View Controller). MongoDB ist eine dokumentorientierte NoSQL-Datenbank, die direkt mit JSON-Daten umgehen kann. Alles zusammen bildet eine komplette server- und clientseitige Umgebung auf Basis von JavaScript ab. Freilich gehört in der Praxis noch etwas mehr dazu:

- HTML als Grundlage
- CSS, am besten im Verbund mit einem Präprozessor wie LESS und einem CSS-Framework wie Bootstrap
- Ein Designtemplate als Basis für komplexere Steuerelemente (meist ein Bootstrap-Theme)
- Erweiterungsbibliotheken für den Server (via **npm**) und den Client (via **Bower**)

2.1 Der Paketmanager

In der JavaScript-Welt haben sich mehrere Paketmanager entwickelt. Aber warum überhaupt solche zusätzlichen Werkzeuge? Wikipedia hat dazu folgende Antwort:

> *Eine Softwarepaket-Verwaltung (englisch: package management software) ermöglicht die komfortable Verwaltung von Software, die in Programmpaketform vorliegt, auf einem Betriebssystem. Dazu gehören das Installieren, Aktualisieren und Deinstallieren.*

Eine Paketverwaltung besteht immer aus einem Repository und einem Client. In einige Fällen ist das Repository nur Quelle der Beschreibung, nicht der Inhalte. Eingesetzt wird in der JavaScript-Welt:

- **Npm**, das ist der Node Package Manager. Er kommt automatisch mit, wenn Node installiert wird. Alle serverseitige Pakete werden über Npm abgerufen und installiert. Npm kann auch weitere Werkzeuge liefern. Npm dient auch dazu, den Paketmanager für die Clientpakete zu installieren, Bower:
- **Bower** verwaltet clientseitige Frameworks und Bibliotheken. Bower verwaltet selbst keine Daten, sondern nur Beschreibungen. Die Pakete selbst werden über **Git** aus **GitHub** abgerufen. So ist sichergestellt, dass immer die aktuellsten Versionen beschafft werden können und die Entwickler der Bibliotheken sich nicht um die Verteilung auf diverse Repositories kümmern müssen.

 ## Windows-Repositories   für Client-Bibliotheken

Git bringt eine einfache GUI und Kommandzeilenwerkzeuge mit. Wer lieber mit Powershell arbeitet, sollte sich **Chocolatey** anschauen. Dieses Projekt bringt die JavaScript-Welt mit der Windows-Welt zusammen. Hier wird mit den Original-Werkzeugen gearbeitet, da dies transparenter und direkter ist. Chocolatey vereinfacht einiges, verdeckt aber auch die Zusammenhänge, was beim Erlernen eher hinderlich ist.

2.2 Bibliotheken und Frameworks

Bibliotheken stellen einen Satz elementarer Funktionen bereit. jQuery beispielsweise erlaubt die Manipulation von DOM-Elementen.

Frameworks stellen dagegen eine Satz von Funktionen und eine bestimmte Vorgehensweise, ein Pattern, für komplette Applikationen bereit. AngularJS realisiert clientseitig das MVC-Pattern und stellt bidirektionale Datenbindung bereit (neben vielen anderen Funktionen). Sicherlich gibt es Schnittmengen zwischen beiden und oft ist die Abgrenzung nicht so klar, aber es macht es einfacher eine Auswahl zu treffen. Mehrere (viele) Bibliotheken koexistieren oft, während man sich bei den Frameworks für eines entscheiden sollte. Im Auge behalten sollten wir auch, dass eine Web-Anwendung zweigeteilt ist – in Client und Server. Es wird also erforderlich sein, einen Satz Bibliotheken und ein (!) Framework für den Client zu finden und auf dem Server noch einmal.

Basisbibliotheken des Servers

In dieser Buchreihe wird eine Form des MEAN-Stacks präsentiert. MEAN steht für:

- MongoDB / MySQL
- Express
- AngularJS
- Node

Das ist plakativ, aber natürlich nur die halbe Wahrheit. Abgewandelt auch deshalb, weil die Wahl der Datenbank oft nicht primär ist und die anderen Bausteine nicht ausreichend sind, um den gesamten Web-Stack abzubilden. Betrachtet werden hier für den Server:

- Als serverseitiges Routing-Framework und Middleware wird **Express** eingesetzt. Es liefert die Routing-Funktionen und ist ein leistungsfähiges Applikationsrahmenwerk.
- Als Template-Bibliothek kommt **JADE** zum Einsatz, was anstatt Razor die Erstellung der HTML-Formulare übernimmt, soweit sich dies auf dem Server abspielt.

Clientseitige Bibliotheken

Damit können wir Webseiten ausliefern und Dienste bereitstellen.
Bleibt die clientseitige Unterstützung:

- **AngularJS** als das umfassende Framework für die Strukturierung der Seiten
- **Bootstrap** als Gestaltungsrahmenwerk
- **jQuery** als implizit von Bootstrap benutzte Bibliothek zum
  Zugriff auf das Document Object Model (DOM) des Browsers

All dies würde man in der ASP.NET-Welt auch benutzen, hier
bietet .NET keinen direkten Zugang, weil sich der Client nur über
JavaScript bedienen lässt.

Unit-Tests

JavaScript als unterliegende Sprache ist vergleichsweise schwach.
Auch mit dem Umweg über TypeScript oder den neuen Funktionen
in ES 6 wird nicht die Tiefe und Genauigkeit der Codeüberwachung
einer Compilersprache wie Java oder C# erreicht. Unit-Tests kommt
deshalb eine noch größere Bedeutung zu.

> Zu Unit-Tests in JavaScript und speziell für Node gibt
> es einen weiteren Band dieser Reihe.

2.3 Prinzipien

Die Art und Weise, wie in der Vergangenheit Webanwendungen
entwickelt wurden, hat sich in den letzten Jahren grundlegend
gewandelt. Dynamische Elemente im Browser sind normal und
das Ablaufen kompletter Applikationen in JavaScript wird häufig
eingesetzt. Der Browser wird zu einer Art Mini-Betriebssystem,
das sich im Netz diverser Datenquellen bedient – den Services
(Diensten) unserer Server.

Web Apps

Web Apps werden solche Anwendungen genannt, die im Browser existieren und nur mit dem Server kommunizieren, um dynamisch Daten nachzuladen. Der Server liefert dabei zuerst die App selbst aus und unterstützt diese dann durch Dienste, beispielsweise zum Zugriff auf eine Datenbank. Der Server stellt dabei eine sogenannte API – Application Programming Interface – zur Verfügung. Meist basiert diese auf JSON.

Websites

Die meisten Websites sind eher klassisch programmiert. Hier geht es um die Erfassbarkeit der Inhalte durch Suchmaschinen, extrem kurze Ladezeiten und einfachen Aufbau. Der Server erzeugt fertiges HTML und alle dynamischen Elemente entstehen durch das Manipulieren des HTML mittels kleiner Skripte. Formulare werden für Interaktion benutzt und die Anzeigefunktionen werden vom Server gesteuert. Websites werden dann durch JavaScript soweit unterstützt, dass Sie interaktiv erscheinen, wo es unumgänglich ist, um modern und funktional zu erscheinen.

Diese Vorgehensweise ist jedoch aus mehreren Gründen problematisch. Sie müssen zwei Code-Umgebungen getrennt voneinander halten. Zum einen die für den Browser, zum anderen die für den Server. Beide Welten sind jedoch eng verbunden – Änderungen an der einen Seite können Fehler auf der anderen Seite auslösen. Diese Verflechtung ist kritisch und kaum dauerhaft beherrschbar.

Statusloses HTML

Wenn Web Apps keine Option sind (komplex, langsam, nicht suchmaschinentauglich) und Websites auch nicht (wartungsunfreundlich, fehlerbehaftet), dann ist es Zeit über eine neue Strategie nachzudenken. Node kommt da zur rechten Zeit, denn die Trennung der Code-Umgebungen ist weitaus weniger drastisch, wenn dieselbe Programmiersprache benutzt wird. Zusätzlich sollte aber auch ein bestimmter Programmierstil benutzt werden. Dies ist sogenanntes zustandsloses HTML.

Zustandsloses HTML ist ein Stück HTML, dass immer identisch ist, unabhängig vom Zustand der Website. Egal ob der Benutzer angemeldet ist oder nicht, egal ob es Vormittag oder Nachmittag ist, egal welcher geografische Ort ermittelt wurde – das HTML der Site ist immer gleich. Damit entfällt ein signifikanter Teil des Wartungsaufwands. Teile der Seite, die benutzer- oder aktionsabhängig sind, werden nicht Teil des HTML. Sie werden wie bei einer Web App von Diensten beschafft und dynamisch erstellt. Damit ist das einfache Laden von HTML-Seiten in Node, wie in den Beispielen zuvor gezeigt, durchaus praktikabel.

Stellen Sie sich eine Seite mit Inhalten vor, über die Leser diskutieren können. Der Inhaltsteil ist für alle Benutzer gleich, auch jede Suchmaschine sieht dieselben Inhalte. Dieser Teil ist statisch und zustandsunabhängig. Das heißt nicht, dass die Artikel statisch auf der Festplatte liegen müssen. Sie können durchaus auf dem Server aus einer Datenbank geholt und zusammengebaut werden. Entscheidend ist, dass Sie keinen Parametern unterliegen. Der Teil mit dem Diskussionsforum ist dagegen vollständig dynamisch – jeder Benutzer sieht seine eigenen Beiträge anders und hat möglicherweise personalisierte Darstellungen. Dieser Teil wird anders erstellt und ausgeliefert.

Die Vorgehensweise vereinfacht nicht nur die Programmierung. Sie erhöht auch deutlich die Performance. Weniger dynamischer Anteil ist leichter zu verarbeiten – auf dem Server und auf dem Client. Ein Cache kann umfassend benutzt werden und damit den Server weiter entlasten. Auch im Fehlerfall ist das Ausliefern statischer Seiten robuster und zuverlässiger. Der Wegfall der dynamischen Funktionen ist ärgerlich, aber die Site bleibt ingesamt erhalten und suchbar. Entscheidend ist jedoch eine Verbesserung der Benutzererfahrung.

Die Benutzererfahrung

Moderne Webapplikationen sind komplex. Es gibt eine Benutzeranmeldung, Kontoverwaltung, Warenkörbe, Beurteilungssysteme und vieles mehr. Jedes dieser Funktionen besteht aus HTML-Seiten, die die primäre Gestaltung liefern. Typische Seiten sehen folgendermaßen aus:

```
1   <!DOCTYPE html>
2   <meta charset="utf-8">
3   <title>Dateiverwaltung</title>
4
5   <link rel="stylesheet" href="style.css">
6   <script defer src="app.js"></script>
7
8   <nav>
9     <a href="/">Home</a>
10    <a href="/show">Dateien</a>
11    <a href="/upload">Upload</a>
12    <div class="account-menu">
13      <!-- Dynamischer Teil -->
14    </div>
15  </nav>
16
17  <section id="main">
18    <!-- This is where your content goes -->
19    <h1>Willkommen bei unserer Dateiverwaltung</h1>
20    Verwalten Sie Dateien online.
21  </section>
22
23  <footer>
24    Copyright &copy; 2015
25  </footer>
```

Diese Seite lädt extrem schnell und stellt Inhalte sofort dar. Dann wird das Applikationsskript *app.js* geladen und erledigt einige Dinge dynamisch:

- Prüfe mittels Cookie und AJAX, ob der Benutzer angemeldet ist
- Lade das dynamische Menü für den Benutzer
- Passe statische Inhalte dynamisch an

Die ersten beiden Punkte sind offensichtlich. Der letzte ist etwas subtiler. Natürlich will niemand für viele Inhaltsseiten immer wieder dasselbe HTML erstellen. Hier könnten Sie anders vorgehen. Nutzen Sie JavaScript, um die statischen Inhalte vom Server abzurufen. Dazu werden alle Links, die Seiten laden und dasselbe Layout nutzen, per JavaScript abgefangen und die Seite wird vom Server geladen. Der Inhalt wird extrahiert, und zwar der Teil, der in dem Inhaltsabschnitt `<section id="main">` steht. Dieser Teil wird dann ausgetauscht. Der Vorteil besteht darin, dass das statische HTML unverändert ist – es ist nicht abhängig von einer Situation. Damit verliert die Anwendung an Komplexität. Trotzdem hat der Benutzer das weiche Ladeverhalten einer AJAX-getriebenen Applikation. Wenn Sie jetzt noch die History im Browser der Seite anpassen, ist es fast perfekt (mit der API des Browsers).

2.4 Zusammenfassung

Bei der Gestaltung und Strukturierung einer Node-Applikation müssen Sie vorher wissen, was Sie bauen – eine Web App oder eine Website.

Bei einer Web App setzen Sie auf clientseitige Frameworks wie AngularJS. Node liefert die App als Sammlung aus einer HTML-Seite und einiges JavaScript-Dateien. Eine Vielzahl von Unterstützungsdiensten erlaubt es der App, mit dem Server zu kommunizieren.

Bei einer Website ist es besser, lediglich jQuery zu benutzen und mit etwas smartem JavaScript dynamisch Elemente hinzuzufügen. Node liefert statische HTML-Seiten und einige Unterstützungsdienste.

3. Die wichtigsten Node-Module

Dieses Kapitel zeigt die wichtigstens Module, mit denen elementare Aufgaben in einer Webapplikation erledigt werden können. Es handelt sich dabei um die eigentliche Node-Bibliothek.

3.1 Globale Module

Globale Module sind immer vorhanden und müssen nicht vereinbart werden.

Timer

Zeitgeber abstrahieren weitgehend die von JavaScript standardmäßig angebotenen Möglichkeiten. Nutzen Sie unbedingt die node-Variante, um später keine Probleme mit anderen parallel laufenden Modulen zu bekommen.

setTimeout

Dieser Befehl vereinbart den Aufruf der Rückruffunktkon nach einem bestimmten Zeitraum in Millisekunden. Optional können Argumente angegeben werden. Die Funktion gibt ein Objekt vom Typ `timeoutObject` zurück, dass mit `clearTimeout()` benutzt werden kann.

Syntax: `setTimeout(callback, delay[, arg][, ...])`

Echtzeit

Node ist nicht echtzeitfähig und garantiert nicht, dass der Aufruf der zeitgesteuerten Rückruffunktion exakt zum vereinbarten Zeitpunkt erfolgt.

clearTimeout

Diese Funktion verhindert den Aufruf.

Syntax: `clearTimeout(timeoutObject)`

setInterval

Auch diese Funktion entspricht der internen JavaScript-Funktion, läuft aber unter Kontrolle von node ab. Die Rückruffunktion wird wiederholt nach Ablauf des Intervalls aufgerufen. Die Funktion gibt ein Objekt vom Typ `intervalObject` zurück, dass mit `clearInterval()` benutzt werden kann.

Syntax: `setInterval(callback, delay[, arg][, ...])`

clearInterval

Diese Funktion stoppt den wiederholten Aufruf.

Syntax: `clearInterval(intervalObject)`

unref

Diese Methode wird von den Objekten `timeoutObject` und `intervalObject` angeboten. Wenn eine node-Applikation endet, und sich noch Zeitgeber in Aktion befinden, wird die Ausführung dennoch fortgesetzt, bis der letzte Zeitgeber abgelaufen ist. Mit `unref` kann angezeigt werden, dass die Beendigung der Applikation auch die übriggebliebenen Zeitgeber stoppt und nicht weiter ausführt. Der mehrfache Aufruf von `unref` auf demselben Objekt hat keinen Effekt.

Die Funktion verschiebt den Zeitgeber in die Hauptschleife der Applikation. Zuviele solche Zeitgeber können die Leistung der Hauptschleife beeinflussen. Sie sollten `unref` daher bewusst und nur falls unbedingt notwendig einsetzen.

ref

Ein zuvor mit `unref` in die Hauptschleife verschobener Zeitgeber kann mit dieser Funktion wieder in seinen regulären Zustand überführt werden. Der mehrfache Aufruf hat keine Effekt.

setImmediate / clearImmediate

Die Methode `setImmediate` ist ein höher priorisierter Zeitgeber, der nach I/O-Ereignissen auslöst und vor `setTimeout` und vor `setInterval` aufgerufen wird. Dieser Zeitgeber gibt ein Objekt `immediateObject` zurück, das mit `clearImmediate()` benutzt werden kann. Mehrere Rückruffunktionen werden in einer Warteschlange platziert und in der Reihenfolge abgearbeitet, wie sie definiert wurden. Die Ausführung der Warteschlange erfolgt einmal pro Durchlauf der Hauptschleife der Applikation. Ein neu platziertes Objekt wird also erst dann ausgeführt, wenn die Hauptschleife das nächste Mal durchläuft.

Syntax: `setImmediate(callback[, arg][, ...])`

`clearImmediate` stoppt die Ausführung des mit `immediateObject` bezeichneten Zeitgebers.

Syntax: `clearImmediate(immediateObject)`

Globale Objekte

Globale Objekte sind in allen Modulen aktiv. Sie müssen nicht separat vereinbart werden.

global

Dies ist der globale Namensraum. Eine Variable in JavaScript ist im globalen Namensraum, auch wenn sie mit var definiert wurde, global. In Node ist dies nicht der Fall – der "globale" Namensraum ist immer das aktuelle Modul. Erst durch den expliziten Zugriff auf global wird ein globaler Namensraum möglich.

process

Das Prozess-Objekt zeigt Informationen zum Prozess an.

console

Mit diesem Objekt besteht Zugriff auf die Konsole.

Buffer

Das Puffer-Objekt beinhaltet den Umgang mit gepufferten Daten.

require

Dies Funktion fordert ein Modul an. Diese Funktion ist nicht wirklich global, sondern wird automatisch in jedem Modul lokal vereinbart, sodass sie wie eine globale Funktion immer verfügbar ist.

Die Methode require.resolve nutzt den Suchmechanismus für Module, lädt aber im Erfolgsfall das Modul nicht, sondern gibt lediglich den Pfad zurück, unter dem des gefunden wurde. Module können lokal oder global installiert sein, sodass der Fundort durchaus variiert. Mit require.cache werden Module in dem Objekt, dass diese Eigenschaft zurückgibt, gecacht. Wenn das Modul aus dem Cache durch Löschen des Schlüssels entfernt wird, wird der nächste Aufruf von require das Modul erneut laden.

__filename

Dies ist der Dateiname der aktuell ausgeführten Code-Datei. Der Name enthält den aufgelösten, absoluten Pfad. Dies muss nicht derselben Pfad sein wie er mit den Kommandozeilenwerkzeugen benutzt wird. Wenn der Aufruf in einem Modul erfolgt, ist das Modul die ausgeführte Code-Datei und der Pfad zeigt zum Modul.

Wenn beispielsweise die Datei *example.js* im Pfad */User/joerg/Apps* ausgeführt wird, gibt der folgende Aufruf */User/joerg/Apps/example.js* zurück:

```
console.log(__filename);
```

__filename ist global nutzbar, wird aber in jedem Modul lokal definiert.

__dirname

Dies ist das Verzeichnis, in dem die aktuell ausgeführte Datei ist.

Wenn beispielsweise die Datei *example.js* im Pfad */User/joerg/Apps* ausgeführt wird, gibt der folgende Aufruf */User/joerg/Apps* zurück:

```
console.log(__dirname);
```

__dirname ist global nutzbar, wird aber in jedem Modul lokal definiert.

module

Dies ist eine Referenz zum aktuelle Modul. Die Eigenschaft module.exports wird dazu benutzt, die vom Modul exportierten Funktionen bereitzustellen. Verfügbar gemacht werden diese durch den Aufruf von require().

module ist global nutzbar, wird aber in jedem Modul lokal definiert.

exports

Dies ist ein Alias für `module.exports` und verkürzt lediglich den Schreibaufwand.

`exports` ist global nutzbar, wird aber in jedem Modul lokal definiert.

3.2 HTTP und HTTPS

Mit den http- bzw. https-Modulen werden nahezu alle Fassetten der Protokolle HTTP und HTTPS unterstützt. Die Kommunikation auf dieser Ebene ist sehr elementar. Frameworks wie *Express* abstrahieren dies und setzen selbst auf *http* auf. Trotzdem kann es für viele Fälle sinnvoll sein, Protokollaktionen direkt auszuführen.

Node kann mit Streams umgehen – also einem fortlaufenden Strom von Bytes. Dies ist weit effektiver als die gesamten Daten für einen Vorgang im Speicher zu halten (Puffer, buffering). Die *http*-Module kümmern sich um das Verarbeiten von Daten mit Streams und erleichtern erheblich die Programmierung.

Grundlagen

HTTP besteht aus einer Befehlszeile und Kopffeldern, die den Befehl näher beschreiben. In Node werden die Kopffelder als JSON bereitgestellt. Ein entsprechendes Objekt könnte also folgendermaßen aussehen:

```
1  {
2    'content-length': '123',
3    'content-type': 'text/plain',
4    'connection': 'keep-alive',
5    'host': 'mysite.com',
6    'accept': '*/*'
7  }
```

Die Schlüssel werden entsprechend der Spezifikation immer in Kleinbuchstaben konvertiert. Die Werte werden dagegen niemals verändert. Das ist bereits der ganze Eingriff von Node an dieser Stelle. Generell ist Node bei diesem Modul sehr einfach. Weder die Kopffelder noch der Inhalt einer Nachricht werden untersucht, bewertet oder intern behandelt.

Kopffelder, die mehrere Werte haben, nutzen das , (Komma) zum Trennen der Werte. Einzige Ausnahme sind die Kopffelder für Cookies, die ein Array akzeptieren. Wenn Felder nur einen Wert erlauben, kontrolliert Node dies und wirft eine Ausnahme.

Eintreffende oder gesendete Kopffelder werden als unbearbeitetes Objekt bereitgestellt. Dies ist ein Array mit fortlaufenden Paaren von Schlüsseln und Werten. Das sieht etwa folgendermaßen aus:

```
1  [ 'Content-Length', '123456',
2    'content-type', 'text/plain',
3    'CONNECTION', 'keep-alive',
4    'Host', 'mysite.com',
5    'accept', '*/*' ]
```

Umwandlungs- und Kontrollaktionen finden danach statt, sodass die tatsächlich bereitgestellten oder gesendeten Kopffelder davon abweichen können.

Felder

Dieser Abschnitt beschreibt Felder, die Werte bereitstellen, die auf die interne Konfiguration verweisen.

`http.METHODS` gibt in Form eines Arrays eine Liste der HTTP-Verben zurück, die unterstützt werden. `http.STATUS_CODES` ist ein Array mit den Statuscodes, die HTTP kennt, und dem zugeordneten Kurztext. Für 404 ist dies beispielhaft wie folgt definiert:

```
http.STATUS_CODES[404] === 'Not Found'
```

Methoden

Die Methoden ermöglichen die entsprechenden Aktionen in Bezug auf die Protokollverarbeitung. `http.createServer` gibt eine neue Instanz des Http-Servers zurück. Damit können HTTP-Anfragen empfangen und verarbeitet werden. Die Syntax sieht folgendermaßen aus:

```
http.createServer([requestListener])
```

Die Rückruffunktion *requestListener* ist eine Methode, die die empfangenen Daten bekommt.

Mit `http.request(options[, callback])` sendet Node eine Anforderung (request) an einen anderen Server. Node ist also in diesem Fall der Client. Node benutzt mehrere Verbindungen, wenn dies möglich ist. Die Methode behandelt dies jedoch intern, sodass Sie beim Programmieren darauf keine Rücksicht nehmen müssen. Folgende Syntax wird benutzt:

```
http.request(options [, callback])
```

Die Optionen können JSON oder eine Zeichenkette sein. Ist es eine Zeichenkette, wird automatisch `url.parse()` eingesetzt, um die Zeichenkette zu parsen. Die Rückrufmethode liefert ein Objekt mit der Antwort (response).

Die Optionen haben folgende Bedeutung:

- *host*: Der Domainname oder die IP-Adresse, wo die Anfrage hingesendet wird. Ohne Angabe ist dies 'localhost'.

- *hostname*: Wird `url.parse()` eingesetzt, sollten Sie statt *host* besser *hostname* nutzen
- *port*: Der Port für die Anfrage. Standard ist der Port 80.
- *localAddress*: Falls Sie über mehrere Netzwerkkarten verfügen, können Sie hiermit anweisen, welche lokale Adresse (Netzwerkkarte mit der entsprechenden Bindung) von Node benutzt werden soll.
- *socketPath*: Unter Unix bezieht sich dies auf Unix Domain Sockets. Dies sind Endpunkte zur Interprozesskommunikation. Sie können dies auf einem lokalen System nutzen oder die 'host:port'-Syntax.
- *method*: Das Verb (HTTP-Methode) in Großbuchstaben. Standardwert ist hier: 'GET'.
- *path*: Der Pfad zur Ressource für die Anforderung, Standardwert ist '/'. Der Pfad sollten den Querystring enthalten, wenn dieser benutzt werden soll, z.B. */index.html?page=12*. Illegale Zeichen führen zu einer Ausnahme.
- *headers*: Ein JSON-Objekt mit der Angabe der Kopffelder.
- *auth*: Die Art der Authentifizierung. Erzeugt das Kopffeld *Authorization*.
- *agent*: Steuert das Verhalten des Clients. Wenn die Angabe erfolgt wird das Kopffeld *Connection: keep-alive* erzeugt. Mögliche Werte für diesen Parameter sind:
  - undefined (default): Globale Angaben für die genannte Kombination aus *host* und *port*
  - Objekt vom Typ `Agent`: Explizite Angabe aller Werte.
  - `false`: Es wird kein Verbindungspool gebildet, jede Anfrage endet mit *Connection: close*.
- *keepAlive*: Die Verbindung wird in einem Verbindungspool offen gehalten, damit andere Verbindungswünsche darauf zu einem späteren Zeitpunkt zugreifen können. Standard ist `false`.
- *keepAliveMsecs*: Wenn *keepAlive* benutzt wird, kann hiermit die Zeit in Millisekunden angegeben werden, nach der ein

TCP-Paket als Lebenszeichen gesendet wird. Der Standardwert ist 1000.

Die Methode selbst gibt eine Instant der Klasse http.ClientRequest
zurück. Dies ist ein schreibbarer Stream. Werden für die Anfrage
Daten benötigt, beispielsweise weil bei einer POST-Anforderung
ein Formular gesendet wird, dann werden diese Daten in diesen
Stream geschrieben.

```
1   var postData = querystring.stringify({
2     'msg' : 'Hello World!'
3   });
4
5   var options = {
6     hostname: 'www.google.com',
7     port: 80,
8     path: '/upload',
9     method: 'POST',
10    headers: {
11      'Content-Type': 'application/x-www-form-urlencoded',
12      'Content-Length': postData.length
13    }
14  };
15
16  var req = http.request(options, function(res) {
17    console.log('STATUS: ' + res.statusCode);
18    console.log('HEADERS: ' + JSON.stringify(res.headers));
19    res.setEncoding('utf8');
20    res.on('data', function (chunk) {
21      console.log('BODY: ' + chunk);
22    });
23  });
24
25  req.on('error', function(e) {
26    console.log('problem with request: ' + e.message);
27  });
28
```

```
29  req.write(postData);
30  req.end();
```

Das eigentliche Schreiben erfolgt mit `req.write(postData)`. Die Benutzung von `req.end()` ist hier notwendig, weil der Stream sonst nicht geschlossen wird. Nach dem Beenden können keine weiteren Daten geschrieben werden. Das Anforderungsobjekt *req* kennt ein Ereignis `error`, auf das Sie reagieren können, um Fehler abzufangen. Fehler können auftreten, wenn einer der Vorgänge beim Senden misslingt (DNS-Auflösung, TCP-Fehler, Fehler beim Parsen der Kopffelder usw.).

Wird das Kopffeld *Connection: keep-alive* manuell eingefügt, erkennt Node dies und hält die Verbindung offen, bis die nächste Anfrage gesendet wird.

Wird das Kopffeld *Content-length* gesendet, dann wird die Benutzung von Chunks abgeschaltet. Chunks sind das blockweise Senden von Daten. Die Angabe erfolgt durch das Kopffeld *Transfer-Encoding: chunked.*

Wird ein *Expect*-Kopffeld benutzt, dann werden die Kopffelder sofort gesendet. Nach *Expect: 100-continue* sollten Sie sofort auf das entsprechende Ereignis lauschen (mit Timeout). RFC2616 Section 8.2.3 gibt dazu mehr Informationen.

Wenn das Kopffeld *Authorization* angegeben wird, werden die durch die Option `auth` erzeugten Daten überschrieben.

Mit `http.get` steht eine verkürzte Variante der Methode `request` bereit, die eine Anfrage mittels 'GET' initiiert. Das bei GET keine Daten gesendet werden, wird `req.end()` automatisch erzeugt:

```
http.get(options[, callback])
```

Ein Beispiel zeigt, wie es geht:

```
1  http.get("http://www.google.com/index.html", function(res) {
2    console.log("Got response: " + res.statusCode);
3  }).on('error', function(e) {
4    console.log("Got error: " + e.message);
5  });
```

Klassen

Einige Klassen liefern weitere Funktionalität.

http.Server

Der HTTP-Server bietet eine Umgebung, die auf Aktionen des Protokolls mittels Ereignisse reagiert. Die Ereignisse sind:

- 'request': function (request, response) { }
  Jede eintreffende Anfrage löst dieses Ereignis aus. Bleibt die Verbindung offen (*Keep Alive*), dann kann es sein, dass mehrere Ereignisse pro Anfrage ausgelöst werden. Der Parameter *request* ist vom Typ http.IncomingMessage und *response* ist http.ServerResponse.
- 'connection': function (socket) { }
  Löst aus, wenn ein TCP-Stream eröffnet wurde. Der Parameter *socket* ist vom Typ net.Socket.
- 'close': function () { }
  Löst aus, wenn die Verbindung geschlossen wurde.
- 'checkContinue': function (request, response) { }
  Dieses Ereignis reagiert auf *Expect: 100-continue*. Wird das nicht behandelt, reagiert der Server automatisch mit *100 Continue*. Erfolgt eine Behandlung, dann muss mit response.writeContinue() reagiert werden, wenn Daten gesendet werden sollen. Andernfalls muss die Kommunikation mit *400 Bad Request* oder einem vergleichbaren Verfahren. Wird dieses Ereignis erzeugt und behandelt, wird request nicht ausgelöst.

- 'connect': `function (request, socket, head) { }`
  Löst aus, wenn sich der Client mittels HTTP-CONNECT verbindet. Der Parameter *request* ist `http.IncomingMessage`. Der Parameter *socket* ist vom Typ `net.Socket`. *head* ist dagegen eine Instanz von `Buffer`.
- 'upgrade': `function (request, socket, head) { }`
  Bei geöffneter Verbindung wird dieses Ereignis ausgelöst, wenn ein Client die Verbindung upgraden will. Der Parameter *request* ist vom Typ `http.IncomingMessage`. Der Parameter *socket* ist vom Typ `net.Socket`. *head* ist dagegen eine Instanz von `Buffer`. Ein Upgrade ist im Prinzip ein Protokollwechsel, z.B. von HTTP 1.1 auf HTTP 2.0, auf WebSockets, auf IRC usw. In der Praxis ist dies nur für WebSockets relevant, siehe dazu auch folgenden Draft[1].
- 'clientError': `function (exception, socket) { }`
  Falls der Client einen Fehler liefert, wird mit diesem Ereignis behandelt. Der Parameter *socket* ist vom Typ `net.Socket`.

Die Ereignisse werden über die Methode on erreicht:

```
1  var http = require("http");
2  var server = http.createServer();
3
4  server.on("request", function (req, res) {
5      res.end("this is the response");
6  });
7
8  server.listen(3000);
```

Methoden für http.Server

Das Objekt *server* selbst, das createServer erzeugt, verfügt über einige Methoden, die ebenfalls interessant sind.

---

[1]http://tools.ietf.org/html/draft-ietf-hybi-thewebsocketprotocol-17

Mit `server.listen` beginnt der Server am angegebenen Port und der entsprechenden Adresse – also dem Socket – zu lauschen. Wird der Hostname nicht angegeben, wird an allen IP-Adressen auf der Maschine gelaucht (nur IPv4). Foldende Varianten gibt es:

```
server.listen(port[, hostname][, backlog][, callback])

server.listen(path[, callback])

server.listen(handle[, callback])
```

 Auf einem Unix-System kann ein Unix-Socket in Form des Dateinamens statt dem Hostnamen benutzt werden. Alternativ kann der Socket-Pfad benutzt werden. Die anderen Konfigurationsparameter entfallen dann. Auf Windows wird dies nicht unterstützt.

Der Parameter *backlog* ist die Länge der Pufferwarteschlange für eintreffende Verbindungen. Wenn ein Verbindungswunsch eintrifft und der Vorgehende sich noch in Verarbeitung befindet, dann nimmt Node diese Anfrage in diese Warteschlange auf. Der Standardwert ist 511 (!sic). Werte bis 1000 sind hier sinnvoll. Zulange Warteschlangen suggerieren Clients, dass eine Verbindung zu erwarten ist, während Node kaum in der Lage ist, diese auch zu verarbeiten.

Wird ein *handle* benutzt, so ist dies ein Objekt, dass einen `Server` oder ein `Socket` beschreibt.

Die Funktion ist asynchron und arbeitet mit der Rückrufmethode *callback*.

Mit `server.close` stoppt der Server das Akzeptieren von Verbindungswünschen:

```
server.close([callback])
```

Da Verbindungen möglicherweise nicht zur Verfügung stehen, kann mit `server.setTimeout` ein Wert gesetzt werden, der bestimmt, wielange gewartet wird:

```
server.setTimeout(msecs, callback)
```

Der Wert wird in Millisekunden angegeben. Der Standardwert beträgt 2 Minuten. `server.timeout` gibt den gesetzten Wert wieder.

Mit `server.maxHeadersCount` wird die Anzahl der Kopffelder begrenzt. Standardmäßig sind dies 1000, mit 0 ist der Wert unbegrenzt.

Die Klasse http.ServerResponse

Eine Instanz dieser Klasse wird intern erstellt. Dies ist der Typ, der durch den Parameter *response* in der Rückruffunktion des Ereignisses `request` übergeben wird. Dies ist das Antwort-Objekt. Es implementiert einen schreibbaren Stream. Dieser arbeitet mit Ereignissen.

'close': `function () { }`
> Zeigt an, dass die Verbindung geschlossen wurde, bevor `end` in der Lage war, die Daten zu senden. 'finish': `function ()` `{ }`
> Wird ausgelöst, wenn die Übertragung der Antwort erledigt ist. Für Node ist dies der Moment der Übergabe an das Betriebssystem. Das heißt nicht zwingend, dass die Daten den Computer verlassen haben oder der Client diese Daten empfangen hat.

Auf eine Instanz dieser Klasse sind vielfältige Operationen möglich. `response.writeContinue` sendet ein *HTTP/1.1 100 Continue* an den Client um ihn aufzufordern, dass die Daten gesendet werden können. Mit `response.writeHead` sendet Node den Kopf – Statuscode plus Kopffelder – an den Client. Der Statuscode ist der dreistellige

HTTP-Code, beispielsweise 200 oder 404. Die Kopffelder können passend dazu angegeben werden. Folgende Syntax ist anwendbar:

```
response.writeHead(statusCode[, statusMessage][, headers])
```

```
1   var body = 'hello world';
2   response.writeHead(200, {
3     'Content-Length': body.length,
4     'Content-Type': 'text/plain' }
5   );
```

Diese Methode darf nur einmal aufgerufen werden und dies muss vor response.end() erfolgen.

Alternativ kann mit response.write() und response.end() gearbeitet werden. Wird response.write() benutzt und ist die Antwort noch nicht beendet worden, berechnet Node beim Aufruf von writeHead die kumulierten Kopffelder.

 Content-Length

Das Längenkopffeld enthält die Größe in Bytes. Wenn der Text in UTF-8 oder einem anderen Verfahren kodiert ist, ist die nicht die Anzahl der Zeichen. Nutzen Sie Buffer.byteLength(), um den richtigen Wert zu ermitteln. Node prüft nicht, ob die Angabe in *Content-Length* passt.

Mit response.setTimeout wird der Timeout-Wert in Millisekunden gesetzt:

```
response.setTimeout(msecs, callback)
```

Die Rückruffunktion *callback* wird aufgerufen, wenn die Zeit abläuft. Wenn keine Angabe erfolgt, werden nach Ablauf der Zeit die entsprechenden Objekte für Socket, Server, Response usw. aufgeräumt. Ist aber eine Rückruffunktion vorhanden, so müssen Sie dies in dieser Funktion selbst erledigen.

Mit `response.statusCode` legen Sie fest, welcher Statuscode benutzt wird. Dies ist nicht notwendig, wenn Sie mit `writeHead` arbeiten.

```
response.statusCode = 404;
```

Die Eigenschaft enthält den tatsächlichen Wert nach dem Senden der Antwort.

Legen Sie mit `response.statusMessage` dieser Eigenschaft fest, welcher Statuscode benutzt wird. Dies ist nicht notwendig, wenn Sie mit `writeHead` arbeiten. Die Angabe ist nur sinnvoll, wenn Sie etwas anderes als den Standardtext senden wollen.

```
response.statusMessage = 'Not found';
```

Die Eigenschaft enthält den tatsächlichen Wert nach dem Senden der Antwort.

`response.setHeader` erzeugt ein Kopffeld oder ersetzt ein Kopffeld, falls es schon vorhanden ist in der Liste der zu sendenden Kopffelder. Sollen mehrere Kopffelder erzeugt werden, können Sie ein Array benutzen. Folgende Syntax gilt:

```
response.setHeader(name, value)
```

```
1  response.setHeader("Content-Type", "text/html");
2  response.setHeader("Set-Cookie", ["type=ninja", "language=jav\
3  ascript"]);
```

Jeder kann mit `response.headersSent` ermittelt werden, ob die Kopffelder bereits gesendet worden sind.

`response.sendDate` ist eine Boolesche Eigenschaft die anzeigt, ob das Kopffeld *Date* erzeugt werden soll. Sollte dieses Kopffeld bereits manuell eingetragen sein, wird der manuelle Eintrag nicht überschrieben.

 In HTTP ist das Kopffeld *Date* ein Pflichtfeld. Sie sollten dies nur zu Testzwecken unterdrücken.

`response.getHeader` list ein Kopffeld, solange es noch nicht gesendet wurde. Nach dem Senden ist kein Zugriff mehr möglich. Der Name berücksichtigt Groß- und Kleinschreibung nicht – intern sind alle Kopffeldnamen kleingeschrieben. Die Syntax dieser Methode ist wie folgt:

`response.getHeader(name)`

```
1    var contentType = response.getHeader('content-type');
```

`response.removeHeader` entfernt ein Kopffeld, solange es noch nicht gesendet wurde:

```
1    response.removeHeader("Content-Encoding");
```

Die Methode `response.write` schreibt eine Menge an Daten. Das führt dazu, dass implizit festgelegte Kopffelder gesendet werden, weil diese vor den Daten übertragen werden müssen. Wenn zuvor `response.writeHead()` benutzt wurde, werden die dort definierten Kopffelder benutzt.

`response.write(chunk[, encoding][, callback])`

Die Methode kann mehrfach aufgerufen werden, um Daten blockweise (chunks) zu übertragen. Der Parameter *chunk* kann eine Zeichenkette oder ein Byte-Stream sein. Wenn die Daten eine Zeichenkette sind, bestimmt der Parameter *encoding*, wie diese in Bytes konvertiert werden. Der Standardwert ist 'utf-8'. Die Rückrufmethode *callback* wird aufgerufen, wenn die Daten gesendet wurden.

 Die Methode dient zum Senden von Daten auf unterster Ebene. Es erfolgt hier keine Aufbereitung des Inhalts in irgendeiner Form.

Die Methode gibt `true` zurück, wenn die Daten an den internen Puffer übergeben wurden. `false` wird zurückgegeben, wenn Daten im Speicher verblieben sind. 'drain' wird erzeugt, wenn der Puffer wieder leer ist.

Mit `response.addTrailers(headers)` werden Kopffelder an das Ende der Nachricht angehängt. Das geht nur bei Daten, die in Chunks geliefert werden.

```
1  response.writeHead(200, { 'Content-Type': 'text/plain',
2                            'Trailer': 'Content-MD5' });
3  response.write(fileData);
4  response.addTrailers({
5    'Content-MD5': "7895bf4b8828b55ceaf47747b4bca667"
6  });
7  response.end();
```

Mit `response.end` wird mitgeteilt, dass die Übertragung beendet wird. Diese Methode **muss** immer aufgerufen werden.

`response.end([data][, encoding][, callback])`

Wenn Daten angegeben sind, wird intern `response.write(data, encoding)` aufgerufen. Die Rückruffunktion wird aufgerufen, wenn alle Daten gesendet worden sind.

Klasse http.ClientRequest

Eine Instanz dieser Klasse wird durch `http.request()` erstellt. Dies ist das Anforderungsobjekt. Die Kopffelder sind danach noch änderbar mit den Methoden `setHeader(name, value)`, `getHeader(name)` und `removeHeader(name)`. Node ist in diesem Fall der Client, der Anfragen an einen anderen Server sendet.

Um die Antwort auf die erzeugte und gesendete Anfrage zu bekommen, übergeben Sie eine Ereignisbehandlungsfunktion für das Ereignis `response`. Das Ereignis gibt eine Instanz der Klasse IncomingMessage zurück. Sollte die Antwort Daten enthalten, kann mit dem Ereignis `data` darauf zugegriffen werden. Alternativ kann

auf das Ereignis readable gelauscht werden und dann werden die
Daten aktiv mit response.read() gelesen.

 Node prüft nicht, ob die Angaben in *Content-Length*
stimmen und zum Inhalt passen. Verlassen Sie sich
nicht auf diesen Wert!

```
1   var http = require('http');
2   var net = require('net');
3   var url = require('url');
4
5   // Proxy für Tunnel erstellen
6   var proxy = http.createServer(function (req, res) {
7     res.writeHead(200, {'Content-Type': 'text/plain'});
8     res.end('okay');
9   });
10  proxy.on('connect', function(req, cltSocket, head) {
11    // Ursprünglichen Server verbinden
12    var srvUrl = url.parse('http://' + req.url);
13    var srvSocket = net.connect(srvUrl.port, srvUrl.hostname,
14                        function() {
15      cltSocket.write('HTTP/1.1 200 Connection Established\r\n'\
16    +
17                        'Proxy-agent: Node-Proxy\r\n' +
18                        '\r\n');
19      srvSocket.write(head);
20      srvSocket.pipe(cltSocket);
21      cltSocket.pipe(srvSocket);
22    }); // Ende function
23  });
24
25  // Proxy läuft jetzt
26  proxy.listen(1337, '127.0.0.1', function() {
27
28    // Anforderung erstellen
29    var options = {
30      port: 1337,
```

```
31      hostname: '127.0.0.1',
32      method: 'CONNECT',
33      path: 'www.google.com:80'
34    };
35
36    var req = http.request(options);
37    req.end();
38
39    req.on('connect', function(res, socket, head) {
40      console.log('got connected!');
41
42      // Anforderung über Tunnel
43      socket.write('GET / HTTP/1.1\r\n' +
44                   'Host: www.google.com:80\r\n' +
45                   'Connection: close\r\n' +
46                   '\r\n');
47      socket.on('data', function(chunk) {
48        console.log(chunk.toString());
49      });
50      socket.on('end', function() {
51        proxy.close();
52      });
53    });
54  });
```

Ein weiteres Ereignis muss gegebenenfalls behandelt werden: upgrade. Die Rückruffunktion hat folgende Signatur:

```
function (response, socket, head)
```

Ein Upgrade ist erforderlich, wenn der Client das Protokoll wechseln möchte, beispielsweise von HTTP 1.1 auf HTTP 2.0 oder auf WebSockets.

```
1   var http = require('http');
2
3   // Create an HTTP server
4   var srv = http.createServer(function (req, res) {
5     res.writeHead(200, {'Content-Type': 'text/plain'});
6     res.end('okay');
7   });
8   srv.on('upgrade', function(req, socket, head) {
9     socket.write('HTTP/1.1 101 Web Socket Protocol Handshake\r\\
10  n' +
11                 'Upgrade: WebSocket\r\n' +
12                 'Connection: Upgrade\r\n' +
13                 '\r\n');
14
15    socket.pipe(socket); // Echo zurück
16  });
17
18  // now that server is running
19  srv.listen(1337, '127.0.0.1', function() {
20
21    // make a request
22    var options = {
23      port: 1337,
24      hostname: '127.0.0.1',
25      headers: {
26        'Connection': 'Upgrade',
27        'Upgrade': 'websocket'
28      }
29    };
30
31    var req = http.request(options);
32    req.end();
33
34    req.on('upgrade', function(res, socket, upgradeHead) {
35      console.log('got upgraded!');
36      socket.end();
37      process.exit(0);
38    });
39  });
```

Das Ereignis continue tritt auf, wenn der Server ein *100 Continue* sendet, was meist eine Reaktion auf die Anforderung *Expect: 100-continue* ist. Dies ist die Aufforderung für den Client, dass die Daten der Nachricht gesendet werden dürfen.

Mit request.flushHeaders() steht eine Methode zur Verfügung, die die Kopffelder aktiv sendet. Normalerweise puffert Node Kopffelder und sendet diese nicht sofort, wenn sie definiert werden. Die Pufferung dient der Optimierung, sodass alle Kopffelder idealerweise in ein TCP-Paket passen. Mit flush() und flushHeaders() wird der Optimierungsmechanismus übergangen.

Das eigentlichen Schreiben der Daten erledigt request.write(chunk[, encoding][, callback]) durch blockweises (chunk) Senden der Daten. Es sollte das Kopffeld *['Transfer-Encoding', 'chunked']* benutzt werden, um der Gegenstelle anzuzeigen, dass mit Blöcken gearbeitet wird.

Das Argument *chunk* kann ein Buffer oder eine Zeichenkette sein. Die Rückruffunktion wird aufgerufen, wenn die Daten gesendet worden sind.

Mit request.end([data][, encoding][, callback]) wird die Anforderung beendet. Wenn Teile der Daten noch nicht gesendet worden sind, wird ein flush erzwungen. Wurden Blöcke benutzt, wird nun die finale Sequenz '0\r\n\r\n' gesendet.

Mit Daten ist das Ergebnis identisch mit dem Aufruf von request.write(data, encoding), gefolgt von request.end(callback). Die Rückruffunktion wird aufgerufen, wenn die Daten gesendet worden sind.

Mit request.abort() kann die Anforderung abgebrochen werden. Mit request.setTimeout(timeout[, callback]) wird der Timeout-Wert festgelegt.

http.IncomingMessage

Eine eintreffende Nachricht vom Typ IncomingMessage wird durch http.Server oder http.ClientRequest erzeugt. Das Objekt wird als erstes Argument des request- bzw. response-Ereignisses übergeben. Das Objekt implementiert einen lesbaren Stream sowie einige weitere Methoden und Eigenschaften.

Mit dem Ereignise close wird angezeigt, dass die Verbindung geschlossen wurde. Dieses Ereignis kann nur einmal auftreten.

Die Eigenschaft message.httpVersion zeigt an, welche HTTP-Version benutzt wurde. Das ist entweder '1.1' oder '1.0' usw. Zum Zugriff auf die Versionsdetails dienen response.httpVersionMajor und response.httpVersionMinor.

Die Kopffelder lassen sich über message.headers auslesen. Kopffelder sind intern immer mit Kleinbuchstaben bezeichnet. Die Ausgabe mittel console.log(request.headers); erzeugt etwa folgendes JSON-Objekt:

```
1  {
2    'user-agent': 'curl/7.22.0',
3    host: '127.0.0.1:8000',
4    accept: '*/*'
5  }
```

Wenn Sie die Kopffelder direkt, ohne die Behandlung innerhalb von Node, lesen möchten, eignet sich message.rawHeaders. Interessant hier ist, dass dies kein Verzeichnis mit Schlüssel-/Wertepaaren ist, sondern ein Array, indem abwechseln die Kopffelder und deren Werte stehen.

```
1   [
2     'user-agent',
3     'this is invalid because there can be only one',
4     'User-Agent',
5     'curl/7.22.0',
6     'Host',
7     '127.0.0.1:8000',
8     'ACCEPT',
9     '*/*'
10  ]
```

Im end-Ereignis (und nur dort) lassen sich mit message.trailers und message.rawTrailers die Trailer einer in Blöcken (chunks) übertragenen Nachricht abfragen. Mittels Trailer werden blockweise übertragene Nachrichten korrekt zusammengesetzt.

Eine zeitliche Begrenzung der Verarbeitung der Nachricht kann mit message.setTimeout(msecs, callback) erreicht werden. Die Angabe der Zeit erfolgt in Millisekunden, nach Ablauf wird *callback* aufgerufen.

Das benutzte HTTP-Verb kann der Eigenschaft message.method entnommen werden. In message.url steht der URL der Anforderung. Diese Eigenschaften funktionieren nur, wenn das Objekt von http.Server stammt. Folgender Anforderung soll als Beispiel dienen:

```
1   GET /status?name=ryan HTTP/1.1\r\n
2   Accept: text/plain\r\n
3   \r\n
```

In request.url steht dann: '/status?name=ryan'

Zum Verarbeiten des URL dient parse:

```
1  var url = require('url');
2  console.log(url.parse('/status?name=ryan'));
```

Folgende Ausgabe wird erzeugt:

```
1  {
2    href: '/status?name=ryan',
3    search: '?name=ryan',
4    query: 'name=ryan',
5    pathname: '/status'
6  }
```

Die Verarbeitung des Querystring kann in einem weiteren Schritt erfolgen:

```
1  var url = require('url');
2  console.log(url.parse('/status?name=ryan', true));
```

Folgende Ausgabe wird erzeugt:

```
1  {
2    href: '/status?name=ryan',
3    search: '?name=ryan',
4    query: { name: 'ryan' },
5    pathname: '/status'
6  }
```

Der Statuscode, der bei der Beantwortung der Nachricht benutzt wird, steht in message.statusCode, der passenden Text dazu in message.statusMessage. Der Code ist der dreistellige HTTP-Code, z.B. 404. Dieser Wert ist nur ereichbar, wenn das Objekt von http.ClientRequest stammt.

Mittels message.socket besteht Zugriff auf das net.Socket-Objekt, dass der benutzten Verbindung zugeordnet ist.

HTTPS

HTTPS ist HTTP, das auf TLS (Transport Layer Security) aufsetzt. Die aktuelle TLS-Version entspricht dem früheren Standard SSL 3.0, TLS ist der Nachfolger von SSL.

Wird HTTPS benutzt, so können Sie mit request.connection.verifyPeer() und request.connection.getPeerCertificate() die Authentifizierungsdaten des Clients ermitteln.

Der Server wird wie bei HTTP folgendermaßen erstellt:

```
https.createServer(options[, requestListener])
```

```javascript
1   // Abruf: https://localhost:8000/
2   var https = require('https');
3   var fs = require('fs');
4
5   var options = {
6     key: fs.readFileSync('test/fixtures/keys/agent2-key.pem'),
7     cert: fs.readFileSync('test/fixtures/keys/agent2-cert.pem')
8   };
9
10  https.createServer(options, function (req, res) {
11    res.writeHead(200);
12    res.end("hello world\n");
13  }).listen(8000);
14  Or
15
16  var https = require('https');
17  var fs = require('fs');
18
19  var options = {
20    pfx: fs.readFileSync('server.pfx')
21  };
22
23  https.createServer(options, function (req, res) {
24    res.writeHead(200);
25    res.end("hello world\n");
26  }).listen(8000);
```

Die benutzten Methoden und Eigenschaften gleichen weitgehend denen des Moduls 'http'.

```
var https = require('https');

var options = {
  hostname: 'encrypted.google.com',
  port: 443,
  path: '/',
  method: 'GET'
};

var req = https.request(options, function(res) {
  console.log("statusCode: ", res.statusCode);
  console.log("headers: ", res.headers);

  res.on('data', function(d) {
    process.stdout.write(d);
  });
});
req.end();

req.on('error', function(e) {
  console.error(e);
});
```

Das Argument *options* hat gegenüber 'http' weitere Optionen:

- 'pfx': Zertifikate, private Schlüssel und Angaben der Zertifikatsautorität (CA). Der Standardwert ist null.
- 'key': Der private Schlüssel. Der Standardwert ist null.
- 'passphrase': Die Passphrase für den privaten Schlüssel. Der Standardwert ist null.
- 'cert': Öffentliches x509-Zertifikate. Der Standardwert ist null.
- 'ca': Eine oder ein Array von Zertifikatsautorität (certificate authority), die angefragt werden, um den Host aufzulösen.

- 'ciphers': Eine Zeichenkette, die die benutzten Chiffren einbindet oder ausschließt. Siehe bei OpenSSL[2], wie dies konstruiert wird.
- 'rejectUnauthorized': Wenn `true`, wird das Zertifikat gegen die Zertifikatsautorität geprüft. Ein `error`-Ereignis tritt auf, wenn die Prüfung fehlschlägt. Der Standardwert ist `true`. Sie sollten dies in Testumgebungen ggf. abschalten. Diese Prüfung findet auf der Ebene des Verbindungsaufbaus statt, noch bevor die HTTP-Anfrage gesendet wurde.
- 'secureProtocol': Die Methode, beispielsweise *TLSv1*. Verfügbare Methoden stehen in `SSL_METHODS`.

```
1   var options = {
2     hostname: 'encrypted.google.com',
3     port: 443,
4     path: '/',
5     method: 'GET',
6     key: fs.readFileSync('test/fixtures/keys/agent2-key.pem'),
7     cert: fs.readFileSync('test/fixtures/keys/agent2-cert.pem')
8   };
9   options.agent = new https.Agent(options);
10
11  var req = https.request(options, function(res) {
12    ...
13  }
```

Sie können dies auch ohne `Agent`-Objekt nutzen:

---

[2]http://www.openssl.org/docs/apps/ciphers.html#CIPHER_LIST_FORMAT

```
1   var options = {
2     hostname: 'encrypted.google.com',
3     port: 443,
4     path: '/',
5     method: 'GET',
6     key: fs.readFileSync('test/fixtures/keys/agent2-key.pem'),
7     cert: fs.readFileSync('test/fixtures/keys/agent2-cert.pem'),
8     agent: false
9   };
10
11  var req = https.request(options, function(res) {
12    ...
13  }
```

3.3 Umgang mit Dateien und Pfaden

Node kann über die entsprechenden Module direkt auf Dateien zugreifen und alle typischen Operationen auf diesen Dateien sowie auf Pfaden und Ordnern ausführen.

Zugriff auf das Dateisystem

Der Dateisystemzugriff unter Node erfolgt über das Modul *fs*. Alle Aufrufe können sowohl synchron als auch asynchron erfolgen. Während für clientseitige Skripte grundsätzlich nur asynchrone Aufrufe sinnvoll sind, kann dies auf dem Server etwas anders betrachtet werden. Da das Ergebnis einer Aktion möglicherweise das Aussenden von JSON oder HTML ist, wird in der Regel ohnehin gewartet, bis das Ergebnis vorliegt. Dabei haben asynchrone Aufrufe keinen Vorteil. Wenn Ihre Umgebung allerdings stark belastet ist und Skripte spürbare Laufzeiten haben, so wird Node nur immer eine Anfrage bearbeiten und dann alle synchronen Aktionen für diese ausführen. Alle anderen Anfragen warten solange. Wartet nun seinerseits ein Skript erheblich auf eine Dateioperation, so wird der Prozess insgesamt verlangsamt.

Synchron oder Asynchron

Sie machen mit asynchronen Aufrufen selten etwas falsch, auch wenn kein spürbarer Effekt auftritt. Programmieren Sie immer asynchron, es sei denn, es gibt eine triftigen Grund es anders zu tun und Sie sind sich über die Ergebnisse im Klaren.

Asynchrone Aufrufe nutzen immer eine Rückruffunktion als letztes Argument. Die Rückruffunktionen haben verschiedene Signaturen. Gemeinsam ist jedoch allen Funktionen, dass das erste Argument der Rückruffunktion ein Ausnahmeobjekt (exception) ist, das Fehler anzeigt. Im Erfolgsfall ist dieses Objekt undefined oder null, sodass ein einfacher Test mit if(!exception) auf Erfolg testet.

Synchrone Aufrufe erzeugen immer sofort eine Ausnahme, wenn ein Fehler auftritt. nutzen Sie hier try/catch zum Behandeln der Fehlerzustände.

Hier ein erstes Beispiel für die asynchrone Nutzung:

```
1  var fs = require('fs');
2
3  fs.unlink('/tmp/hello', function (err) {
4    if (err) throw err;
5    console.log('successfully deleted /tmp/hello');
6  });
```

Hier ein dasselbe Beispiel für die synchrone Nutzung (beachten Sie den Suffix *Sync* in Zeile 3):

```
1  var fs = require('fs');
2
3  fs.unlinkSync('/tmp/hello');
4  console.log('successfully deleted /tmp/hello');
```

Asynchrone Aufrufe kehren zu einem nicht deterministischen Zeitpunkt zurück. Wenn Sie mehrere Aufrufe starten, ist die Reihenfolge

bei der Rückkehr nicht garantiert. Das folgende Beispiel ist deshalb
fehleranfällig:

```
1   fs.rename('/tmp/hello', '/tmp/world', function (err) {
2     if (err) throw err;
3     console.log('renamed complete');
4   });
5   fs.stat('/tmp/world', function (err, stats) {
6     if (err) throw err;
7     console.log('stats: ' + JSON.stringify(stats));
8   });
```

Es kann hier passieren, dass der Aufruf von `fs.stat` in Zeile 5
erfolgt, bevor bei der vorherigen Aktion in Zeile 1 das umbenennen
mit `fs.rename` abgeschlossen wurde. Deshalb sollten Sie mehrere
aufeinander aufbauende asynchrone Aufrufe verketten:

```
1   fs.rename('/tmp/hello', '/tmp/world', function (err) {
2     if (err) throw err;
3     fs.stat('/tmp/world', function (err, stats) {
4       if (err) throw err;
5       console.log('stats: ' + JSON.stringify(stats));
6     });
7   });
```

Sie können beim Aufruf mit absoluten oder relativen Pfaden arbeiten. Wenn Sie mit relativen Pfaden arbeiten, sollte klar sein, dass
der Ursprung des aktuellen Verzeichnisses der Prozess ist, in dem
das Skript ausgeführt wird. Dies kann mit `process.cwd()` bestimmt
werden. In der Regel ist dies der Node-Core.

Machmal kann es vorkommen, dass Sie die Aktion zwar ausführen,
das Ergebnis aber nicht benötigen. Dann können Sie die Rückruffunktion weglassen. Tritt nun aber ein Fehler auf, fehlt der Zugang zum Ausnahmeobjekt. Um dennoch an diese Fehlermeldung
zu gelangen, nutzen Sie die Umgebungsvariable `NODE_DEBUG`. Das
folgende Skript zeigt, wie das erfolgt:

Datei: script.js

```
1  function bad() {
2    require('fs').readFile('/');
3  }
4  bad();
```

Führen Sie das Skript nun folgendermaßen aus:

```
1  $ env NODE_DEBUG=fs node script.js
```

Es erfolgt folgende Ausgabe:

```
1  fs.js:66
2          throw err;
3              ^
4  Error: EISDIR, read
5      at rethrow (fs.js:61:21)
6      at maybeCallback (fs.js:79:42)
7      at Object.fs.readFile (fs.js:153:18)
8      at bad (/path/to/script.js:2:17)
9      at Object.<anonymous> (/path/to/script.js:5:1)
10     <etc.>
```

Dies gelingt freilich nur, wenn der Pfad wirklich nicht gelesen werden kann – in dem Beispiel wird auf die Root '/' zugegriffen.

Funktionen für den Dateizugriff

Dieser Abschnitt zeigt die wichtigsten Dateizugriffsfunktionen. Hier werden nur die asynchronen Methoden gezeigt. Die meisten Methoden existieren auch synchron. Sie haben dann den Suffix 'Sync' im Namen (rename versus renameSync). Bei den synchronen Methoden entfällt die Rückruffunktion.

`fs.rename(oldPath, newPath, callback)` benennt eine Datei um.
Mit `fs.ftruncate(fd, len, callback)` leeren Sie eine Datei.
Dabei wird entweder ein Dateibeschreibungsobjekt benutzt oder
der Pfad zur Datei.

Die Funktionsgruppe `fs.fchown(fd, uid, gid, callback)`, `fs.chown(path,
uid, gid, callback)` und `fs.lchown(path, uid, gid, callback)` setzt den Eigentümer einer Datei. Dabei wird entweder ein
Dateibeschreibungsobjekt benutzt oder der Pfad zur Datei. Die
Gruppe `fs.fchown(fd, mode, callback)`, `fs.chown(path, mode,
callback)` und `fs.lchown(path, mode, callback)` setzt Rechte
auf eine Datei. Dabei wird entweder ein Dateibeschreibungsobjekt
benutzt oder der Pfad zu Datei.

 Diese Funktionen sind nur auf Unix-Systemen anwendbar.

 Auf Windows nutzen Sie, wenn das Setzen von
Rechten erforderlich ist, die Funktion *icacls* auf
der Windows-Kommandozeile, z.B. folgendermaßen:
`icacls onlyread.txt /inheritance:r /grant
%username%:r`

Mit `fs.fstat(fd, callback)`, `fs.stat(path, callback)` oder
`fs.lstat(path, callback)` ermitteln Sie Informationen über eine
Datei. Die Rückruffunktion hat zwei Argumente, *err* und *stats*. *stats*
ist vom Typ `fs.Stats`. `lstat` verarbeitet bei symbolischen Links
den Link selbst, nicht das Ziel des Links.

Mit `fs.realpath(path[, cache], callback)` ermitteln Sie den
echten Pfad einer Datei.

```
1  var cache = {'/etc':'/private/etc'};
2  fs.realpath('/etc/passwd', cache, function (err, resolvedPath\
3  ) {
4    if (err) throw err;
5    console.log(resolvedPath);
6  });
```

Die Methode `fs.unlink(path, callback)` löscht eine Datei. Mit `fs.rmdir(path, callback)` wird ein Ordner entfernt. Die Rückruffunktion hat keine zusätzlichen Argumente.

Mit `fs.mkdir(path[, mode], callback)` wird ein Ordner erzeugt. Der Zugriff auf den Ordner wird mit 0777 (alle haben alle Rechte) festgelegt.

`fs.readdir(path, callback)` dient dazu, einen Ordner zu lesen und alle Dateien darin als Dateiinformation in ein Array zu legen. Die speziellen Ordner '.' und '..' werden nicht mit aufgenommen.

Die Methode `fs.close(fd, callback)` schließt eine geöffnete Datei. Die Rückruffunktion hat keine zusätzlichen Argumente. `fs.open(path, flags[, mode], callback)` öffnet eine Datei dagegen zum Zugriff. Das Argument *flags* hat folgende Bedeutung:

- 'r': Öffnen zum Lesen. Löst eine Ausnahme aus, wenn die Datei nicht geöffnet werden kann.
- 'r+': Öffnen zum Lesen und Schreiben. Löst eine Ausnahme aus, wenn die Datei nicht geöffnet oder beschrieben werden kann.
- 'rs': Öffnet zum synchronen Zugriff und unter Umgehung lokaler Caches. Dies kann bei externen Speichersystemen sinnvoll sein, wirkt sich aber negativ auf die Performance aus.
- 'rs+': Öffnet zum synchronen schreibbaren Zugriff und unter Umgehung lokaler Caches. Dies kann bei externen Speichersystemen sinnvoll sein, wirkt sich aber negativ auf die Performance aus.

- 'w': Öffnet zum Schreiben und wenn die Datei nicht existiert, wird sie erzeugt. Falls sie existiert, wird sie geleert.
- 'wx' - Öffnet zum Schreiben und wenn die Datei existiert, wird eine Ausnahme erzeugt.
- 'w+' - Öffnet zum Lesen und Schreiben und wenn die Datei nicht existiert, wird sie erzeugt. Falls sie existiert, wird sie geleert.
- 'wx+' - Öffnet zum Lesen und Schreiben und wenn die Datei existiert, wird eine Ausnahme erzeugt.
- 'a': Öffnet zum Schreiben und wenn die Datei existiert, werden neue Daten angehängt.
- 'ax': Öffnet zum Schreiben und wenn die Datei existiert, wird eine Ausnahme ausgelöst.
- 'a+': Öffnet zum Lesen und Schreiben und wenn die Datei existiert, werden neue Daten angehängt.
- 'ax+': Öffnet zum Lesen und Schreiben und wenn die Datei existiert, wird eine Ausnahme ausgelöst.

mode setzt die Zugriffsrechte, wenn die Datei erzeugt wird. Der Standardwert ist 0666, schreiben und lesen.

Der Zeitstempel einer Datei kann mit `fs.utimes(path, atime, mtime, callback)` bzw. mit `fs.futimes(fd, atime, mtime, callback)` geändert werden.

Das Schreiben von Daten erfolgt mit `fs.write(fd, buffer, offset, length[, position], callback)`. *buffer* liefert die Bytes, *position* die Position, aber der geschrieben wird, *offset* dagegen die Position im Puffer. Die Rückruffunktion gibt die geschriebenen Bytes an, einmal die Anzahl und den Puffer selbst. Alternativ kann `fs.write(fd, data[, position[, encoding]], callback)` benutzt werden.

Das Lesen von Daten erfolgt mit einem Beschreibungsobjekt *fd* mittels `fs.read(fd, buffer, offset, length, position, callback)`:

- *buffer* ist der Puffer, wohin die Daten geschrieben werden.
- *offset* ist der Startpunkt im Puffer.
- *length* ist die Anzahl der zu lesenden Bytes.
- *position* ist die Position in der Datei.

Die Rückruffunktion gibt die Anzahl der wirklich gelesenen Bytes und den Puffer an.

Direkt auf einer Datei wird mit fs.readFile(filename[, options], callback) gearbeitet.

```
1  fs.readFile('/etc/passwd', function (err, data) {
2    if (err) throw err;
3    console.log(data);
4  });
```

Das Schreiben auf eine Datei erfolgt mit fs.writeFile(filename, data[, options], callback).

```
1  fs.writeFile('message.txt', 'Hello Node', function (err) {
2    if (err) throw err;
3    console.log('It\'s saved!');
4  });
```

Mittels fs.appendFile(filename, data[, options], callback) wird direkt an eine existierende Datei angehängt.

```
1  fs.appendFile('message.txt', 'data to append',
2              function (err) {
3    if (err) throw err;
4    console.log('The "data to append" was appended to file!');
5  });
```

Die Methode fs.watch(filename[, options][, listener]) dient dazu, eine Datei auf Umbenennungen hin zu überwachen. Die Methode gibt eine Instanz vom Typ fs.FSWatcher zurück.

Plattformabhängigkeit

Diese Methode ist nicht auf allen Plattformen funktionsgleich. Sie nutzt Betriebssystemfunktionen, die sich geringfügig unterscheiden:

- Linux nutzt *inotify*
- BSD nutzt *kqueue*
- OS X nutzt *kqueue* für Dateien und *FSEvents* für Ordner
- Windows nutzt *ReadDirectoryChangesW* (Win32 API)

```
1  fs.watch('somedir', function (event, filename) {
2    console.log('event is: ' + event);
3    if (filename) {
4      console.log('filename provided: ' + filename);
5    } else {
6      console.log('filename not provided');
7    }
8  });
```

Es gibt eine Methode fs.exists(path, callback) die testet, ob eine Datei existiert. Die Benutzung ist jedoch nicht empfehlenswert.

Vorsicht bei Testfunktionen

Node ist eine Mehrbenutzerumgebung. Wenn ein Prozess Dateien löscht, und ein anderer testet, dann können sich die Prozesse so überschneiden, dass das Löschen unmittelbar nach dem Test mit `exists` stattfindet. Dann suggeriert der Verlauf des Codes, dass die Datei vorhanden ist, was nicht der Fall ist. Dies ist nicht beherrschbar und führt zu sogenannten "race conditions" – Wettlaufsituationen[3]. Besser Sie greifen direkt auf die Datei zu und behandeln Fehler mit `try/catch`-Blöcken.

Mit `fs.access(path[, mode], callback)` testen Sie die Zugriffsrechte eines des aktuellen Benutzers. Die Rückgabe enthält Werte aus einer Liste von Konstanten:

- `fs.F_OK`: Die Datei ist sichtbar – sagt nichts über die Rechte aus.
- `fs.R_OK`: Lesbar.
- `fs.W_OK`: Schreibbar.
- `fs.X_OK`: Ausführbar.

```
1  fs.access('/etc/passwd', fs.R_OK | fs.W_OK, function(err) {
2    util.debug(err ? 'no access!' : 'can read/write');
3  });
```

Funktionen zum Umgang mit Streams

Stream verarbeiten Daten byteweise, was meist effizienter ist.

---

[3]https://de.wikipedia.org/wiki/Race_Condition

Streams

Streams sind ein Paradigma in der Programmierung.
Sie stellen Daten als Sequenz über einen Zeitraum
hinweg zur Verfügung. Mehr zur Theorie finden Sie
auf Wikipedia[4].

Der Aufruf `fs.createReadStream(path[, options])` gibt ein Read-
Stream-Objekt zurück. Das Argument *options* hat diese Standardwerte:

```
1  {
2    flags: 'r',
3    encoding: null,
4    fd: null,
5    mode: 0666,
6    autoClose: true
7  }
```

```
1  fs.createReadStream('sample.txt', {start: 90, end: 99});
```

Mit `fs.createWriteStream(path[, options])` wird ein Stream
zum Schreiben erstellt, das Objekt ist vom Typ `WriteStream`.

```
1  {
2    flags: 'w',
3    encoding: null,
4    fd: null,
5    mode: 0666
6  }
```

---

[4]https://en.wikipedia.org/wiki/Stream_(computing)

Anhang

Konfiguration der Datei package.json

Dieser Abschnitt fasst alle Eigenschaften für die Konfiguration der Datei *package.json* zusammen.

Bedeutung der Konfigurationselemente

Die Eigenschaften können vielfältige Effekte haben. Es ist empfehlenswert, sich mit einigen davon am Anfang genauer auseinanderzusetzen. Die Konfiguration des Paketes selbst, also die Ausführung von **npm-config**, hat Einfluss auf die verfügbaren Eigenschaften.

Einige Eigenschaften sind nur relevant, wenn die Applikation als neues Paket wieder auf NPM veröffentlicht werden soll. In den meisten Fällen trifft dies eher nicht zu. Sie können die entsprechenden Optionen dann ignorieren.

name

Name und Version sind die wichtigsten Felder. Der Name ist eine Pflichtangabe. Aus Namen und Version wird eine eindeutige ID des Pakets erstellt. Dabei wird unterstellt, dass Ihre Applikation als Paket selbst wiederum installierbar wird. Das ist praktisch und sinnvoll, aber nicht unbedingt notwendig. Für den Namen gibt es aufgrund der Kopplung an den Paketmanager einige Regeln:

- Der Name darf maximal 214 Zeichen haben
- Der Name darf nicht mit einem Punkt oder Unterstrich beginnen

- Großbuchstaben sind nicht erlaubt
- Der Name wird sowohl auf der Kommandozeile als auch als Teil eines URL benutzt, die Namenswahl muss also den in diesen Umgebungen vorherrschenden Bedingungen entsprechen

Außerdem sollten Sie unbedingt Kollisionen mit vorhandenen Paketen vermeiden. Namensbestandteile wie "node" oder "js" sind keine so gute Idee. Das es sich um JavaScript "js" handelt, ist eigentlich klar.

version

Wenn Pakete veröffentlicht werden sollen, ist die Version enorm wichtig. Jedes Paket wird weiterentwickelt und dann muss eine Unterscheidung getroffen werden. Das Paket **node-semver** muss die Versionsnummer verarbeiten können. Dazu später mehr.

description

Es ist hilfreich, eine sinnvoll Beschreibung anzugeben.

keywords

Schlüsselwörter dienen dazu, Pakete im Repository zu finden. Wenn Sie ihr Paket nicht veröffentlichen, können Sie das Feld weglassen.

homepage

Falls es eine Homepage gibt, geben Sie hier die URL an. Verwechseln Sie diese Eigenschaft nicht mit url.

bugs

Auch hier wird eine URL eingetragen, und zwar zu einer Bugtracking-Applikation. Dies ist ein Objekt mit zwei weiteren Eigenschaften.

```
1  {
2      url" : "https://github.com/joergisageek/nodejs-samples",
3      "email" : "bugs@joergkrause.de"
4  }
```

license

Für veröffentlichte Pakete finden Sie hier eine Möglichkeit, die Lizenz anzugeben. Sie finden praktische Vorschläge unter folgedem URL:

- *http://opensource.org/licenses*

Die heute üblichen Angaben entsprechen SPDX-Ausdrücken, beispielsweise:

```
{ "license": "(MIT OR Apache-2.0)" }
```

Soll das Paket unter keinen Umständen veröffentlicht werden, setzen Sie die Eigenschaft private auf true.

Wenn Sie dagegen veröffentlichen, dann nennen Sie den Autor (immer nur einer) und Mitarbeiter (ein Array von Personen).

files

Dies ist ein Array von Dateien, die Teil des Pakets sind. Sie können hier einen Ordner angeben, dessen Inhalt dann vollständig geladen wird. Es gibt aber weitere Regeln, die Elemente aus dem Ordner ausschließen können. So ist es beispielsweise möglich, eine Datei mit dem Namen *.npmignore* anzugeben (in der Wurzel des Projekts), in der Dateien aufgelistet sind, die nicht Teil des Pakets werden sollen.

main

Dies ist die Modul-ID, die als primärer Eintrittspunkt in die Applikation dient. Wenn das Paket als Teil einer anderen Applikation benutzt wird, kann der Entwickler dieser Applikation die Benutzung wie folgt anfordern:

```
require('Modul-ID')
```

In diesem Augenblick wird das Skript aufgerufen, dass in main angegeben wurde. Normalerweise sollte hier nur das exports-Objekt stehen, also die öffentlich verfügbaren Elemente. Die Angabe eines Skripts ist relativ zum Stammordner.

bin

Hier werden ausführbare Dateien angegeben, die im Pfad (PATH) des Betriebssystems verfügbar gemacht werden. Mit bin wird eine Liste von Kommandos vereinbart, denen ausführbare Befehle zugeordnet sind. **npm** wird einen Link auf *prefix/bin* bei globalen Kommandos erstellen. Bei lokalen Befehlen wird dagegen der Pfad *./node_modules/.bin/* benutzt. Ein Beispiel sieht folgendermaßen aus:

```
1  {
2    "bin" : {
3    "myapp" : "./cli.js"
4    }
5  }
```

Hiermit wird das Skript *cli.js* über das Kommando */usr/local/bin/myapp* ausgeführt.

Linux und Windows

Dies funktioniert in der gezeigten Form nicht nur unter Unix-Betriebssystemen. Für Windows erstellt **npm** einen Wrapper auf die Kommandozeile **cmd**, über die dann Node aufgerufen wird. Dazu muss das Skript mit der Zeile #!/usr/bin/env node eingeleitet werden. Windows ignoriert dies zwar, aber der Wrapper reagiert darauf.

directories

Mit dieser Eigenschaft kann die Struktur des Pakets deklariert werden. Die meisten Werte sind mehr oder weniger frei nutzbar, es handelt sich mehr um Metadaten.

- *lib*: Die Masse der Bausteine einer Bibliothek
- *bin*: Elemente in diesem Ordner werden als Kindelemente des `bin`-Pfades behandelt, falls dort nichts ist
- *man*: Die Liste der Anleitungen (`man`-Seiten)
- *doc*: Dokumentationen in Markdown
- *example*: Beispiele

repository

Der Platz, wo der Code liegt. Dies ist für andere Entwickler wichtig, die an der Entwicklung partizipieren.

```
1  "repository" : {
2    "type" : "git",
3    "url" : "https://github.com/npm/npm.git"
4  }
5
6  "repository" :  {
7    "type" : "svn",
8    "url" : "https://v8.googlecode.com/svn/trunk/"
9  }
```

Die URL sollte für alle Beteiligten öffentlich sein. Das Repository darf aber schreibgeschützt sein. Versionskontrollsysteme sollten in der Lage sein, die angegebene URL direkt zu verarbeiten. Denken Sie daran, hier nicht auf eine HTML-Seite zu verweisen. Diese Angabe ist für eine Maschine, nicht für Menschen.

Einige wichtige öffentliche Repositories haben Kurzformen:

- "repository": "npm/npm"
- "repository": "gist:11081aaa281"
- "repository": "bitbucket:example/repo"
- "repository": "gitlab:another/repo"

scripts

Jedes Paket hat eine bestimmte Lebensdauer mit verschiedenen
Phasen. Diese Eigenschaft legt fest, welche Skripte zu welchen Phasen abgearbeitet werden sollen. Phasen sind beispielsweise "start"
oder "test":

```
 1  {
 2    "name": "death-clock",
 3    "version": "1.0.0",
 4    "scripts": {
 5      "start": "node server.js",
 6      "test": "mocha --reporter spec test"
 7    },
 8    "devDependencies": {
 9      "mocha": "^1.17.1"
10    }
11  }
```

config

Das Konfigurationsobjekt bildet benutzerspezifische Einstellungen
ab. Die Angabe umfasst Standardeinstellungen.

```
1  {
2    "name" : "mein-paket",
3    "config" : {
4      "port" : "8080"
5    }
6  }
```

Der Benutzer des Paketes kann dieses dann bei der Installation mit Änderungen dieser Einstellungen versehen. Im Paket selbst ist das Konfigurationsobjekt global verfügbar. Änderungen erfolgen mit **npm**:

```
npm config set mein-paket:port 8001
```

dependencies

Abhängigkeiten werden mittels Namen und Versionsnummern definiert. Pakete können lokal existieren oder von Git geladen werden.

 ### Entwicklerpakete

Pakete, die speziell den Entwicklungsprozess unterstützen, sollten hier nicht angegeben werden. Dies betrifft beispielsweise Transpiler oder Testumgebungen. Für diese ist der Parameter devDependencies zuständig.

Für die Versionsnummer gibt es eine spezielle Semantik:

- version: Die Version muss exakt stimmen
- >version: Version muss größer sein als die Angabe
- >=version: Version muss größer oder gleich sein als die Angabe
- <version: Version muss kleiner sein als die Angabe
- <=version: : Version muss kleiner oder gleich sein als die Angabe

- ~version: Haupt- und Unterversion muss passen
- ^version: : Version muss kompatibel sein
- * oder "": Jede Version
- version1 - version2: Entspricht >=version1 <=version2
- bereich1 || bereich2: Entweder bereich1 oder bereich2
- Url oder Pfad

Alle folgenden Angaben sind gültige Verweise:

```
1  { "dependencies" :
2    { "foo" : "1.0.0 - 2.9999.9999"
3    , "bar" : ">=1.0.2 <2.1.2"
4    , "baz" : ">1.0.2 <=2.3.4"
5    , "boo" : "2.0.1"
6    , "qux" : "<1.0.0 || >=2.3.1 <2.4.5 || >=2.5.2 <3.0.0"
7    , "asd" : "http://asdf.com/asdf.tar.gz"
8    , "til" : "~1.2"
9    , "elf" : "~1.2.3"
10   , "two" : "2.x"
11   , "thr" : "3.3.x"
12   , "lat" : "latest"
13   , "dyl" : "file:../dyl"
14   }
15 }
```

Wird eine URL angegeben, kann sich dahinter ein komprimiertes Paket (Tarball) verbergen. Wenn dies der Fall ist, wird das Paket ohne Rücksicht auf die Version geladen und lokal zur Applikation installiert. Als Quelle kann auch ein Repository eines Git-Servers, insbesondere natürlich Github, dienen. URLs, die auf Git verweisen, können folgende Formate haben:

109

```
1  git://github.com/user/project.git#commit-ish
2  git+ssh://user@hostname:project.git#commit-ish
3  git+ssh://user@hostname/project.git#commit-ish
4  git+http://user@hostname/project/blah.git#commit-ish
5  git+https://user@hostname/project/blah.git#commit-ish
```

Die Angaben für den Platzhalter *commit-ish* kann ein Tag (Marke), SHA-Fingerabdruck (Hash) oder der Name eines Zweiges (branch) sein. Wird nichts angegeben, ist der Wert "master".

Wird das Format "user/project" benutzt, erfolgt automatisch ein Zugriff auf Github.

```
1  {
2    "name": "foo",
3    "version": "0.0.0",
4    "dependencies": {
5      "express": "visionmedia/express",
6      "mocha": "visionmedia/mocha#4727d357ea"
7    }
8  }
```

Lokale Pfade werden über den Moniker file: angesprochen. Wird npm install --save benutzt, werden die Daten lokal zum Projekt gespeichert:

```
1  ../foo/bar
2  ~/foo/bar
3  ./foo/bar
4  /foo/bar
```

Wird **npm** benutzt, so werden die Pfade beim Eintragen in die Datei *package.json* immer normalisiert und relativ angegeben:

```
1  {
2    "name": "baz",
3    "dependencies": {
4      "bar": "file:../foo/bar"
5    }
6  }
```

Die Angabe lokaler Pfade kann sinnvoll sein für Entwicklungen, bei denen der Zugriff auch offline möglich sein soll. Werden Pakete dagegen später veröffentlicht, sollten Sie lokale Pfade unbedingt vermeiden.

devDependencies

Mit dieser Angabe werden alle Abhängigkeiten definiert, die nur für den Entwicklungszeitraum benötigt werden. Sie verhalten sich ansonsten genau wie bei dependencies beschrieben.

```
1  { "name": "coffee-project",
2    "description": "Ein Projekt, dass Coffee-Script benutzt",
3    "version": "1.2.3",
4    "devDependencies": {
5      "coffee-script": "~1.6.3"
6    },
7    "scripts": {
8      "prepublish": "coffee -o lib/ -c src/book.coffee"
9    },
10   "main": "lib/server.js"
11 }
```

Hier wird der Transpiler "Coffeescript" benutzt. Beim Veröffentlichen wird der Transpiler benutzt, um die CoffeeScript-Dateien in JavaScript zu übersetzen und dann werden die fertigen Dateien ausgeliefert.

peerDependencies

In einigen Fällen soll eine bestimmte Kompatibilität mit einem
Werkzeug oder einer Bibliothek garantiert werden, ohne dass dieses
Werkzeug oder diese Bibliothek benutzt wird. Damit wird ange-
zeigt, dass eine Benutzung möglich sein kann.

```
1  {
2    "name": "book-sample",
3    "version": "1.3.5",
4    "peerDependencies": {
5      "book-node": "2.x"
6    }
7  }
```

Diese Angabe zeigt an, dass das Paket "book-sample" mit der
Version 2.x des Pakets "book-node" kompatibel ist. Das Kommando
npm install book-sample wird folgende Abhängigkeiten auflösen,
wenn von "book-node" eine Version 2.3.0 existiert:

```
1  ├── book-sample@1.3.5
2  └── book-node@2.3.0
```

Der Einsatz dieser Einstellung dient vor allem der Konfiguration
von Plugins. Hier ist das Plugin von seinem "Host" abhängig,
benötigt diesen jedoch nicht explizit, um installiert zu werden.

bundledDependencies

Abhängigkeiten in diesem Abschnitt werden beim Veröffentlichen
als Teil des Pakets mit verteilt.

optionalDependencies

Optionale Abhängigkeiten werden aufgelöst und wie reguläre behandelt, wenn die Pakete gefunden werden. Falls **npm** jedoch einen

Namen nicht auflösen kann, wird normalerweise ein Fehler erzeugt. Mit optionalen Abhängigkeiten wird **npm** jedoch einfach fortsetzen, wenn die Auflösung misslingt.

Das Programm selbst muss natürlich auf das fehlende Paket reagieren, sonst werden zur Laufzeit Fehler auftreten. Dies kann beispielsweise folgendermaßen aussehen:

```
1   try {
2     var foo = require('foo')
3     var fooVersion = require('foo/package.json').version
4   } catch (er) {
5     foo = null
6   }
7   if (checkVersion(fooVersion) ) {
8     foo = null
9   }
10
11  // Im Programm:
12
13  if (foo) {
14    foo.doFooThings()
15  }
```

Hier wird der Befehl `require` fehlschlagen, weil ein optionales Paket nicht geladen wurde. Die private Methode `checkVersion` wird benutzt, um das Paket, falls es geladen wurde, auf die korrekte Version hin zu überprüfen. Die vom Paket gelieferte Funktionalität wird nur dann aufgerufen, wenn das Paket geladen wurde und in der richtigen Version vorliegt.

engines

Mit dieser Angabe wird eine bestimmte Version von Node selbst bestimmt:

```
1  {
2    "engines" : {
3      "node" : ">=0.10.3 <0.12"
4    }
5  }
```

 Verwechseln Sie die Angabe nicht mit dem Begriff "Engine", der auch für ein Webframework wie "Express" benutzt wird.

Neben Node kann auch die Version von **npm** bestimmt werden:

```
1  {
2    "engines" : {
3      "npm" : "~1.0.20"
4    }
5  }
```

os

Einige Funktionen von Node können abhängig vom Betriebssystem sein. Sie können deshalb bestimmen, auf welchen Betriebssystemen das Paket benutzt werden kann:

```
"os" : [ "darwin", "linux" ]
```

Es ist oft einfacher, ein nicht unterstütztes Betriebssystem auszuschließen und damit alle anderen zu erlauben:

```
"os" : [ "!win32" ]
```

In node selbst dient der Aufruf von `process.platform` dazu, den Namen des Betriebssystems zu ermitteln.

cpu

Mit dieser Angabe wird die Prozessorarchitektur bestimmt.

`"cpu" : [ "x64", "ia32" ]`

Auch hier können einzelne Architekturen ausgeschlossen werden:

`"cpu" : [ "!arm", "!mips" ]`

Node liefert den tatsächlichen Wert zur Laufzeit über `process.arch`.

preferGlobal

Falls es sich bei dem Paket um ein Werkzeug, eine Kommandozeile oder ein globales Skript handelt, dient diese Angabe dazu, dies anzuzeigen. Es ist möglich, das Paket dennoch lokal zu installieren, es wird dann jedoch eine Warnung angezeigt. Der Wert ist Boolesch ("true" oder "false").

private

Private Pakete, die nicht dafür bestimmt sind, veröffentlicht zu werden, werden als `private` gekennzeichnet. Der Wert ist Boolesch ("true" oder "false"). Dies verhindert das versehentliche Publizieren an ein Repository.

publishConfig

Die hier untergebrachten Werte werden zum Zeitpunkt der Veröffentlichung benutzt. Das betrifft vor allem die Eigenschaft `tag` und `registry`. Damit kann verhindert werden, dass ein Paket automatisch den Wert "latest" bekommt, obwohl es sich um der Pfad einer früheren Version handelt.

Die Standardwerte

npm nutzt einige Standardwerte, wenn die entsprechenden Angaben fehlen.

```
"scripts": {"start": "node server.js"}
```

Falls die Datei *server.js* existiert, wird angenommen, das es die Startdatei ist.

```
"scripts":{"preinstall": "node-gyp rebuild"}
```

Falls eine Datei mit dem Namen *binding.gyp* existiert, wird `node-gyp` benutzt.

Gyp

"node-gyp" ist ein Kommandozeilenwerkzeug, das native Erweiterungen für Node übersetzt. Es dient dazu, native Pakete plattformunabhängig bereitzustellen. Das Werkzeug kümmert sich um die Besonderheiten verschiedener Plattformen. Siehe dazu auch:

https://github.com/nodejs/node-gyp.

```
"contributors": [...]
```

Falls eine Datei *AUTHORS* existiert, wird jede Zeile als ein Eintrag im Array benutzt. Das Format jeder Zeile ist dabei "Name `<email>` (url)". Zeilen mit einem "#" oder Leerzeichen am Anfang werden ignoriert.

Schnellübersicht

Die Schnellübersicht fasst alle integrierten Node-Funktionen übersichtlich zusammen.

HTTP

```
var http = require('http');
```

Der einfachste Webserver auf einen Blick:

```
1  http.createServer(function (request, response) {
2    response.writeHead(200, {'Content-Type': 'text/plain'});
3    response.end('Hello World\n');
4  }).listen(8124);
5
6  console.log('Server running at http://127.0.0.1:8124/');
```

http.STATUS_CODES;
  Alle Status-Codes und eine kurze Beschreibung dazu.

http.request(options, [callback]);
  Funktion zum Senden von Anforderungen.

http.get(options, [callback]);
  Eine vollständige 'GET'-Anforderung inklusive end-Aufruf.

Server

server = http.createServer([requestListener]);
  Erstellt ein neues Web-Server-Objekt. Die Rückruffunktion
  requestListener empfängt die Anfrage.

server.listen(port, [hostname], [backlog], [callback]);
  Start des Empfangens von Nachrichten mit Host und Port.

```
server.listen(path, [callback]);
```
Start des Empfangens von Nachrichten mit UNIX Socket und Pfad.

```
server.listen(handle, [callback]);
```
Start des Empfangens von Nachrichten mit Handle (kann Server oder Socket sein).

```
server.close([callback]);
```
Beendet das Empfangen von Nachrichten.

```
server.setTimeout(msecs, callback);
```
Die maximale Zeit, die auf eine Verbindung gewartet wird.

```
server.maxHeadersCount;
```
Die maximale Anzahl von Kopffeldern, die akzeptiert werden. 1000 ist der Standard, 0 steht für unbegrenzt.

```
server.timeout;
```
Die maximale Zeit, die auf eine Verbindung gewartet wird. Einstellung erfolgt durch setTimeout.

```
server.on('request', function (request, response) { });
```
Ereignis, das bei jeder Anforderung (request) feuert.

```
server.on('connection', function (socket) { });
```
Ereignis das feuert, wenn ein neuer TCP-Stream erstellt wurde.

```
server.on('close', function () { });
```
Ereignis das feuert, wenn die Verbindung geschlossen wurde.

```
server.on('checkContinue', function (request, response) {
});
```
Ereignis, das feuert, wenn ein *Expect: 100-continue* erkannt wurde.

```
server.on('connect', function (request, socket, head) {
});
```
Ereignis, dass bei jedem Verbindungsversuch feuert (HTTP-CONNECT).

```
server.on('upgrade', function (request, socket, head) {
});
```
Ereignis, dass bei jeder Upgradeanforderung (request) feuert, also Wechsel von HTTP 1.1 auf 2.0 oder auf WebSockets.

```
server.on('clientError', function (exception, socket) {
});
```
Ereignis, dass bei jedem Fehlerzustand des Clients feuert.

Request

```
request.write(chunk, [encoding]);
```
Sendet einen Teil Daten.

```
request.end([data], [encoding]);
```
Beendet das Senden der Daten, noch nicht gesendete Daten werden jetzt übertragen.

```
request.abort();
```
Bricht eine Anforderung ab.

```
request.setTimeout(timeout, [callback]);
```
Setzt die Zeitbegrenzung für das unterliegende Socket.

```
request.setNoDelay([noDelay]);
```
Schaltet den Nagle-Algorithmus aus. Dieser dient bei TCP zum Puffern von Daten vor dem Senden.

```
request.setSocketKeepAlive([enable], [initialDelay]);
```
Hält die Verbindung offen.

```
request.on('response', function(response) { });
```
Ereignis das feuert, wenn eine Antwort empfangen wurde.

```
request.on('socket', function(socket) { });
```
Ereignis das feuert, wenn ein Socket zugewiesen wurde.

```
request.on('connect', function(response, socket, head) {
});
```
Ereignis das feuert, wenn ein Server eine Anfrage mit CON-NECT beantwortet. Wird dies nicht behandelt, wird die Verbindung wieder geschlossen.

```
request.on('upgrade', function(response, socket, head) {
});
```
Ereignis das feuert, wenn der Server eine Upgrade-Anfrage beantwortet.

```
request.on('continue', function() { });
```
Ereignis das feuert, wenn der Server *100 Continue* sendet (meist als Reaktion auf eine Anfrage mit *Expect: 100-continue*).

Response

```
response.write(chunk, [encoding]);
```
Sendet einen Teil der Antwort. Kopffelder werden zuvor gesendet, wenn dies mit writeHead davor nicht erfolgt ist.

```
response.writeContinue();
```
Sendet *HTTP/1.1 100 Continue*.

```
response.writeHead(statusCode, [reasonPhrase], [headers]);
```

Sendet die Kopffelder.

```
response.setTimeout(msecs, callback);
```
Festlegen der maximalen Zeitüberschreitung.

```
response.setHeader(name, value);
```
Erstellt ein Kopffeld. Ein bereits vorhandener mit demselben Namen wird ersetzt. Werden mehrere identische Kopffelder benötigt, kann ein Array benutzt werden.

```
response.getHeader(name);
```
    Ermittelt ein Kopffeld, das bereitgestellt aber noch nicht gesendet wurde.

```
response.removeHeader(name);
```
    Entfernt ein Kopffeld, das bereitgestellt aber noch nicht gesendet wurde.

```
response.addTrailers(headers);
```
    Fügt das HTTP-Trailing Kopffeld ein

```
response.end([data], [encoding]);
```
    Signalisiert, dass alle Kopffelder und Daten gesendet wurden. Muss benutzt werden.

```
response.statusCode;
```
    Statuscode, der gesendet wird, wenn die Kopffelder implizit gesendet werden. Beim expliziten Senden mit `writeHead` wird der Code von dieser Methode benutzt.

```
response.headersSent;
```
    Ergibt `true`, wenn die Kopffelder gesendet worden sind.

```
response.sendDate;
```
    Wen `true`, wird das Datums-Kopffeld *Date* automatisch erzeugt.

```
response.on('close', function () { });
```
    Ereignis das feuert, wenn die Verbindung vor der Benutzung von `end` geschlossen wurde.

```
response.on('finish', function() { });
```
    Ereignis das feuert, wenn die Antwort gesendet worden ist.

Message

```
message.httpVersion;
```
    Die Version des Protokolls HTTP.

`message.headers;`
Ein Objekt mit Kopffeldern.

`message.trailers;`
Trailer nach end (beim Senden in Blöcken).

`message.method;`
Die Methode (oder Verb), also GET, POST etc.

`message.url;`
Die URL.

`message.statusCode;`
Der Statuscode (100, 200, 404 etc.)

`message.socket;`
Das unterliegende Socket-Objekt.

`message.setTimeout(msecs, callback);`
Bestimmt das Zeitlimit der Verbindung.

Global

`__filename;`
Name der ausgeführten Datei als absoluter Pfad.

`__dirname;`
Name des aktuellen Ordners.

`module;`
Referenz zum aktuellen Modul. `module.exports` stellt die Daten bereit, die mit `require` angefordert werden können.

`exports;`
Eine Abkürzung für `module.exports`.

`process;`
Der Prozess, unter dem das aktuelle Skript ausgeführt wird.

```
Buffer;
```
Die Klasse, mit der der Umgang mit binären Daten erfolgt.

Console

```
console.log([data], [...]);
```
Ausgabe auf Standardausgabe mit Umbruch.

```
console.info([data], [...]);
```
Ausgabe auf Standardausgabe mit Umbruch.

```
console.error([data], [...]);
```
Ausgabe auf Fehlerausgabe mit Umbruch.

```
console.warn([data], [...]);
```
Ausgabe auf Fehlerausgabe mit Umbruch.

```
console.dir(obj);
```
Nutzt util.inspect für eine formatierte Ausgabe von Objekte.

```
console.time(label);
```
Startet eine Zeitmessung.

```
console.timeEnd(label);
```
Beendet die Zeitmessung.

```
console.trace(label);
```
Gibt den Stacktrace (Stapelinformation) aus.

```
console.assert(expression, [message]);
```
Testet einen Ausdruck und wirft eine AssertionError-Ausnahme, wenn der Ausdruck false ergibt.

Timer

```
setTimeout(callback, delay, [arg], [...]);
```
Verzögert die einmalige Ausführung einer Rückruffunktion.

```
clearTimeout(t);
```
Stoppt die Ausführung.

```
setInterval(callback, delay, [arg], [...]);
```
Verzögert die mehrmalige Ausführung einer Rückruffunktion.

```
clearInterval(t);
```
Stoppt die Ausführung der Intervalle.

```
setImmediate(callback, [arg], [...]);
```
Eine höher priorisierte Rückruffunktion.

```
clearImmediate(immediateObject);
```
Stoppt die Ausführung.

```
unref();
```
Zeitgeber, der nur solange ausgeführt wird, wie Node läuft.

```
ref();
```
Zeitgeber, der, solange er ausgeführt wird, Node offen hält.

Module

Module können aus einer Datei geladen werden:

```
1   var module = require('./module.js');
```

Folgendermaßen laden Sie ein Modul, wenn require in diesem Modul aufgerufen wurde:

```
1   module.require('./another_module.js');
```

```
module.id;
```
Die ID des Moduls; normalerweise ist dies der Dateiname.

module.filename;
> Der Dateiname des Moduls.

module.loaded;
> Zustand des Ladevorgangs; wird true, wenn das Modul
> vollständig geladen ist.

module.parent;
> Das Modul, dass das aktuelle Modul angefordert hat.

module.children;
> Die Module, die angefordert wurden.

Auf direktem Wege können öffentliche Schnittstellen bereitgestellt
werden:

```
1  exports.area = function (r) {
2    return 3.14 * r * r;
3  };
```

Soll jedoch ein Konstruktor oder ein komplexes Objekt mit mehreren Eigenschaften exportiert werden, nutzen Sie folgende Syntax:

```
1  module.exports = function(width) {
2    return {
3      area: function() {
4        return width * width;
5      }
6    };
7  }
```

Prozess

process.on('exit', function(code) {});
> Ereignis das feuert, wenn ein Prozess endet.

```
process.on('uncaughtException', function(err) {});
```
Ereignis das feuert, wenn eine Ausnahme nicht verarbeitet (gefangen) wurde.

```
process.stdout;
```
Ein schreibbarer Stream zur Standardausgabe.

```
process.stderr;
```
Ein schreibbarer Stream zur Fehlerausgabe.

```
process.stdin;
```
Ein lesbarer Stream zur Standardeingabe.

```
process.argv;
```
Die Argumente der Kommandozeile.

```
process.env;
```
Die Benutzerumgebung der Konsole.

```
process.execPath;
```
Pfad der ausführbaren Datei des Prozesses.

```
process.execArgv;
```
Node-spezifische Kommandozeilenoptionen.

```
process.arch;
```
Die Prozessorarchitektur ('arm', 'ia32' oder 'x64').

```
process.config;
```
Ein JSON-Objekt das die Optionen enthält, mit denen Node kompiliert wurde.

```
process.pid;
```
PID des Prozesses.

```
process.platform;
```
Die Plattform, z.B. 'darwin', 'freebsd', 'linux', 'sunos' oder 'win32'.

`process.title;`
> Name des Prozesses bei Ausgaben, schreibbar.

`process.version;`
> Ausgabe von *NODE_VERSION*.

`process.versions;`
> Versionen von Node und abhängigen Modulen.

`process.abort();`
> Beendet Node und erzeugt einen Dump.

`process.chdir(dir);`
> Ändert das Arbeitsverzeichnis für Node.

`process.cwd();`
> Ändert das Arbeitsverzeichnis für den Prozess.

`process.exit([code]);`
> Beendet eine Prozess.

`process.getgid();`
> Liest die ID der Prozessgruppe.

`process.setgid(id);`
> Schreibt die ID der Prozessgruppe.

`process.getuid();`
> Liest die ID der Identität, unter der der Prozess läuft.

`process.setuid(id);`
> Schreibt die ID der Identität, unter der der Prozess läuft.

`process.getgroups();`
> Liest die Gruppen-IDs der Prozessgruppe.

`process.setgroups(grps);`
> Schreibt die Gruppen-IDs der Prozessgruppe.

`process.initgroups(user, extra_grp);`
  Liest und initialisiert die Zugriffsliste für Gruppen.

`process.kill(pid, [signal]);`
  Sendet 'kill' an den Prozess.

`process.memoryUsage();`
  Ermittelt ein Objekt, das den Zustand des Speichers beschreibt.

`process.nextTick(callback);`
  Aufruf der Rückruffunktion *callback* beim nächsten Tick der Ereignisschleife.

`process.umask([mask]);`
  Schreibt oder liest die Rechte des Prozesses.

`process.uptime();`
  Die Zeit, die Node bereits läuft.

`process.hrtime();`
  Ein hochauflösendes Array [seconds, nanoseconds] der realen Zeit.

ChildProcess

`ChildProcess;`
  Klasse zur Behandlung von Unterprozessen.

`child.stdin;`
  Ein schreibbarer Stream zur Standardeingabe.

`child.stdout;`
  Ein lesbarer Stream zur Standardausgabe.

`child.stderr;`
  Ein lesbarer Stream zur Fehlerausgabe.

`child.pid;`
> PID des Prozesses.

`child.connected;`
> Ergibt true, wenn der Unterprozess Nachrichten empfangen kann.

`child.kill([signal]);`
> Beendet den Prozess.

`child.send(message, [sendHandle]);`
> Sendet eine Nachricht.

`child.disconnect();`
> Beendet die Verbindung zum Unterprozess.

`child_process.spawn(command, [args], [options]);`
> Startet einen neuen Prozess mit Argumenten.

`child_process.exec(command, [options], callback);`
> Startet einen neuen Prozess in einer Kommandzeile (Shell).

`child_process.execFile(file, [args], [options], [callback]);`
> Startet einen neuen Prozess durch Aufruf einer ausführbaren Datei in einer Kommandzeile (Shell).

`child_process.fork(modulePath, [args], [options]);`
> Wie spawn, aber mit einem Kommunikationskanal.

Util

`util.format(format, [...]);`
> Formatierte Ausgabe wie printf (%s, %d, %j).

`util.debug(string);`
> Synchrone Ausgabe zur Fehlerausgabe mit Puffer.

`util.error([...]);`
Synchrone Ausgabe zur Fehlerausgabe ohne Puffer.

`util.puts([...]);`
Synchrone Ausgabe zur Standardausgabe mit Zeilenumbruch nach jedem Argument.

`util.print([...]);`
Synchrone Ausgabe zur Standardausgabe ohne Zeilenumbruch nach jedem Argument.

`util.log(string);`
Ausgabe mit Zeitstempel zur Standardausgabe.

`util.inspect(object, [opts]);`
Zeichenkettendarstellung von Objekten. *opts* kann `showHidden`, `depth`, `colors` und `customInspect` enthalten.

`util.isArray(object);`
Prüft, ob ein Objekt ein Array ist.

`util.isRegExp(object);`
Prüft, ob ein Objekt ein regulärer Ausdruck (in Objektform, `RegExp`) ist.

`util.isDate(object);`
Prüft, ob ein Objekt ein Datum (in Objektform, `Date`) ist.

`util.isError(object);`
Prüft, ob ein Objekt ein Fehlerobjekt (`Error`) ist.

`util.inherits(constructor, superConstructor);`
Erbt prototypische Methoden von einem Konstruktor zu einem anderen.

Ereignisse

`emitter.addListener(event, listener);`
Fügt ein Ereignis und die passenden Ereignisbehandlungsmethode hinzu.

`emitter.on(event, listener);`
Fügt ein Ereignis und die passenden Ereignisbehandlungsmethode hinzu. Kurzform zur bequemen Benutzung.

`emitter.once(event, listener);`
Fügt ein Ereignis und die passenden Ereignisbehandlungsmethode hinzu. Die Methode wird nur einmal aufgerufen.

`emitter.removeListener(event, listener);`
Entfernt die Ereignisbehandlungsmethode von einem Ereignis.

`emitter.removeAllListeners([event]);`
Entfernt alle Ereignisbehandlungsmethoden von einem Ereignis.

`emitter.setMaxListeners(n);`
Legt die maximale Anzahl Ereignisbehandlungsmethoden fest. Standardmäßig wird ab 10 eine Warnung erzeugt.

`emitter.listeners(event);`
Gibt alle Ereignisbehandlungsmethoden als Array zurück.

`emitter.emit(event, [arg1], [arg2], [...]);`
Führt alle Ereignisbehandlungsmethoden mit den Argumenten aus.

`EventEmitter.listenerCount(emitter, event);`
Ermittelt die Anzahl der Ereignisbehandlungsmethoden.

Stream

Streams können schreibbar oder lesbar oder beides sein. Das hängt davon ab, wo Sie herkommen. `readable` steht nachfolgend für lesbare, `writable` dagegen für schreibbare Streams.

```
readable.on('readable', function() {});
```
Feuert das Ereignis, wenn Daten lesbar sind.

```
readable.on('data', function(chunk) {});
```
Wenn Daten blockweise eintreffen, feuert dieses Ereignis, wenn ein Datenblock ankommt.

```
readable.on('end', function() {});
```
Wenn Daten blockweise eintreffen, feuert dieses Ereignis, wenn keine Daten mehr vorliegen.

```
readable.on('close', function() {});
```
Feuert das Ereignis, wenn die Verbindung geschlossen wurde.

```
readable.on('error', function() {});
```
Feuert das Ereignis, wenn ein Fehler auftrat.

```
readable.read([size]);
```
List eine Anzahl Bytes.

```
readable.setEncoding(encoding);
```
Setzt die Kodierung, wenn Zeichenketten benutzt werden.

```
readable.resume();
```
Setzt das Senden von Ereignissen fort.

```
readable.pause();
```
Stoppt das Senden von Ereignissen.

```
readable.pipe(destination, [options]);
```
Liest alle Daten und schreibt sie zum Ziel.

`readable.unpipe([destination]);`
Beendet die Verbindung zwischen Quelle und Ziel, die mittels `pipe` aufgebaut wurde.

`readable.unshift(chunk);`
Gibt Daten zurück, die nicht benötigt werden, aber durch Optimierungen bereits vorab gelesen wurden.

`writable.write(chunk, [encoding], [callback]);`
Schreibt einen Datenblock in den Stream und ruft die Rückruffunktion auf, sobald dies beendet ist.

`writer.once('drain', write);`
Ein Ereignis das einmalig feuert, wenn Daten geschrieben wurden und der Stream bereit ist, mehr Daten anzunehmen.

`writable.end([chunk], [encoding], [callback]);`
Zeigt an, dass das Schreiben beendet wird.

`writer.on('finish', function() {});`
Ein Ereignis das feuert, wenn nach dem Ende der Übertragung mit end alle Daten an das Betriebssystem übergeben wurden.

`writer.on('pipe', function(src) {});`
Ein Ereignis das feuert, wenn auf einem lesbaren Stream eine weitere schreibbare Datensenke hinzugefügt wurde.

`writer.on('unpipe', function(src) {});`
Ein Ereignis das feuert, wenn auf einem lesbaren Stream eine schreibbare Datensenke entfernt wurde.

`writer.on('error', function(src) {});`
Ein Ereignis das feuert, wenn ein Fehler aufgetreten ist.

File System

Von vielen Methoden gibt es eine synchrone (Sync) und asynchrone (ohne Kennzeichnung) Version. Asynchrone geben Daten über die Rückruffunktion zurück, synchrone als Rückgabewert. Bei asynchronen Funktionen werden Fehler als Ausnahmeobjekt als erstes Argument der Rückruffunktion zurückgegeben, bei synchronen Funktionen wird die Ausnahmen ausgelöst. Varianten mit dem Argument *fd* nutzen statt des Dateinamens eine Dateibeschreibung (file descriptor).

- `fs.rename(oldPath, newPath, callback);`
- **`fs.renameSync(oldPath, newPath);`**
  Benennt eine Datei um.
- `fs.ftruncate(fd, len, callback);`
- `fs.ftruncateSync(fd, len);`
- `fs.truncate(path, len, callback);`
- **`fs.truncateSync(path, len);`**
  Schneidete eine Datei an der Position ab.
- `fs.chown(path, uid, gid, callback);`
- `fs.chownSync(path, uid, gid);`
- `fs.fchown(fd, uid, gid, callback);`
- `fs.fchownSync(fd, uid, gid);`
- `fs.lchown(path, uid, gid, callback);`
- **`fs.lchownSync(path, uid, gid);`**
  Ändert den Besitzer einer Datei.
- `fs.chmod(path, mode, callback);`
- `fs.chmodSync(path, mode);`
- `fs.fchmod(fd, mode, callback);`
- `fs.fchmodSync(fd, mode);`
- `fs.lchmod(path, mode, callback);`
- **`fs.lchmodSync(path, mode);`**
  Ändert die Zugriffsrechte auf eine Datei.
- `fs.stat(path, callback);`
- `fs.statSync(path);`
- `fs.lstat(path, callback);`
- `fs.lstatSync(path);`

- `fs.fstat(fd, callback);`
- **`fs.fstatSync(fd);`**
  Gibt die Rechte einer Datei zurück. Der Präfix 'l' zeigt
  an, dass auf symbolische Links zugegriffen wird.
- `fs.link(srcpath, dstpath, callback);`
- `fs.linkSync(srcpath, dstpath);`
- **`fs.symlinkSync(srcpath, dstpath, [type]);`**
  Erstellt einen Link (hard link) bzw. symbolischen Link
  (soft link).
- `fs.readlink(path, callback);`
- **`fs.readlinkSync(path);`**
  Liest eine Link (nicht die dahinter liegende Datei).
- `fs.unlink(path, callback);`
- **`fs.unlinkSync(path);`**
  Löschte einen Link bzw. eine Datei, wenn der Pfad
  direkt auf eine Datei zeigt.
- `fs.realpath(path, [cache], callback);`
- **`fs.realpathSync(path, [cache]);`**
  Ermittelt den vollständigen, absoluten Pfad.
- `fs.rmdir(path, callback);`
- **`fs.rmdirSync(path);`**
  Entfernt einen Ordner.
- `fs.mkdir(path, [mode], callback);`
- **`fs.mkdirSync(path, [mode]);`**
  Erstellt einen Ordner. Der Standard-Mode ist 0777 (alle
  Rechte).
- `fs.readdir(path, callback);`
- **`fs.readdirSync(path);`**
  Liest den Inhalt eines Ordners und gibt eine Dateiliste
  zurück.
- `fs.close(fd, callback);`
- **`fs.closeSync(fd);`**
  Schließt eine Datei.

- `fs.open(path, flags, [mode], callback);`
- **`fs.openSync(path, flags, [mode]);`**
  Öffnet eine Datei für Lese- oder Schreiboperationen.
- `fs.utimes(path, atime, mtime, callback);`
- `fs.utimesSync(path, atime, mtime);`
- `fs.futimes(fd, atime, mtime, callback);`
- **`fs.futimesSync(fd, atime, mtime);`**
  Ändert das Dateidatum.
- `fs.fsync(fd, callback);`
- **`fs.fsyncSync(fd);`**
  Synchronisiert den Zustand der Datei mit dem Speichergerät.
- `fs.write(fd, buffer, offset, length, position, callback);`
- `fs.writeSync(fd, buffer, offset, length, position);`
- `fs.writeFile(filename, data, [options], callback);`
- **`fs.writeFileSync(filename, data, [options]);`**
  Schreibt Daten in eine Datei.
- `fs.read(fd, buffer, offset, length, position, callback);`
- `fs.readSync(fd, buffer, offset, length, position);`
- `fs.readFile(filename, [options], callback);`
- **`fs.readFileSync(filename, [options]);`**
  Liest aus einer Datei byteweise in einen Puffer. Wenn in den Optionen eine Kodierung wie 'utf8' eingestellt wird, werden die Daten als Zeichenkette gelesen.
- `fs.appendFile(filename, data, [options], callback);`
- **`fs.appendFileSync(filename, data, [options]);`**
  Hängt Daten ans Ende einer existierenden Datei.
- **`fs.watch(filename, [options], [listener]);`**
  Überwacht Änderungen an einer Datei und löst bei Änderungen die Rückruffunktion *listener* aus.
- `fs.exists(path, callback);`

- `fs.existsSync(path);`
    Prüft, ob eine Datei existiert.

Die `stat`-Funktionen geben ein `Stats`-Objekt zurück, das folgende Methoden hat:

- `stats.isFile()`
- `stats.isDirectory()`
- `stats.isBlockDevice()`
- `stats.isCharacterDevice()`
- `stats.isSymbolicLink()`
- `stats.isFIFO()`
- `stats.isSocket()`

`fs.createReadStream(path, [options]);`
    Erzeugt ein Objekt vom Typ `ReadStream`.

`fs.createWriteStream(path, [options]);`
    Erzeugt ein Objekt vom Typ `WriteStream`.

Path

`path.normalize(p);`
    Normalisiert einen Pfad unter Berücksichtigung vón '.' und '..'.

`path.join([path1], [path2], [...]);`
    Verbindet Teile zu einem gültigen Pfad.

`path.resolve([from ...], to);`
    Auflösung zu einem absoluten Pfad.

`path.relative(from, to);`
    Auflösung eines relativen Pfades.

```
path.dirname(p);
```
Name des Ordners.

```
path.basename(p, [ext]);
```
Letzter Teil eines Pfades.

```
path.extname(p);
```
Die Dateierweiterung

```
path.sep;
```
Das plattformspezifische Trennzeichen für Dateien, '\' oder '/'.

```
path.delimiter;
```
Das plattformspezifische Trennzeichen für Pfade, ';' oder ':'.

URL

```
url.parse(url, [parseQuerystring], [slashesDenoteHost]);
```
Überführt eine URL als Zeichenkette in ein Objekt.

```
url.format(urlObj);
```
Überführt ein Objekt in eine URL.

```
url.resolve(from, to);
```
Simuliert die URL-Erstellung so wie es das Anchor-Tag in HTML tun würde.

Querystring

```
querystring.stringify(obj, [sep], [eq]);
```
Erstellt einen Querystring aus einem Objekt.

```
querystring.parse(str, [sep], [eq], [options]);
```
Erstellt ein Objekt aus einem Querystring.

Assert

```
assert.fail(actual, expected, message, operator);
```
Wirft eine Ausnahme

```
assert(value, message);
```

```
assert.ok(value, [message]);
```
Testet, ob ein Wert wahr ist.

```
assert.equal(actual, expected, [message]);
```
Testet Werte auf Gleichheit. Objekte werden nur flach – auf der ersten Ebene – verglichen.

```
assert.notEqual(actual, expected, [message]);
```
Testet Werte auf Ungleichheit. Objekte werden nur flach – auf der ersten Ebene – verglichen.

```
assert.deepEqual(actual, expected, [message]);
```
Testet Werte auf Gleichheit. Objekte werden tief – auf allen Ebenen – verglichen.

```
assert.notDeepEqual(actual, expected, [message]);
```
Testet Werte auf Ungleichheit. Objekte werden tief – auf allen Ebenen – verglichen.

```
assert.strictEqual(actual, expected, [message]);
```
Testet Werte auf Gleichheit mit dem ===-Operator.

```
assert.notStrictEqual(actual, expected, [message]);
```
Testet Werte auf Ungleichheit mit dem !==-Operator.

```
assert.throws(block, [error], [message]);
```
Erwartet, dass der Code-Block eine Ausnahme wirft.

```
assert.doesNotThrow(block, [message]);
```
Erwartet, dass der Code-Block keine Ausnahme wirft.

```
assert.ifError(value);
```
Prüft, ob der Wert `false` ist.

OS

```
os.tmpdir();
```
Standardverzeichnis für temporäre Dateien.

```
os.endianness();
```
Typ der CPU; 'LE' oder 'BE' – low endian oder big endian.

```
os.hostname();
```
Der Name des Hosts.

```
os.type();
```
Der Name des Betriebsystems.

```
os.platform();
```
Name der Plattform.

```
os.arch();
```
Architektur der CPU (x86, x64, ARM etc.).

```
os.release();
```
Version des Betriebssystems

```
os.uptime();
```
Zeit, die das System bereits läuft.

```
os.loadavg();
```
Mittlere Ladezeiten.

```
os.totalmem();
```
Speicher

```
os.freemem();
```
Freier Speicher

```
os.cpus();
```
Array von Objekten, wobei jeder Eintrag für eine CPU / Core steht.

```
os.networkInterfaces();
```
Liste der Netzwerkschnittstellen.

```
os.EOL;
```
Zeilenendezeichen für dieses Betriebssystem.

Buffer

```
new Buffer(size);
```
Erstellt einen neuen Puffer mit der angegebenen Größe.

```
new Buffer(array);
```
Erstellt einen neuen Puffer mit der angegebenen Größe des Arrays.

```
new Buffer(str, [encoding]);
```
Erstellt einen neuen Puffer für eine Zeichenketten mit der angegebenen Kodierung.

```
Buffer.isEncoding(encoding);
```
Prüft, ob die Kodierung ('utf8' etc.) gültig ist.

```
Buffer.isBuffer(obj);
```
Testet, ob ein Objekt ein Buffer ist.

```
Buffer.concat(list, [totalLength]);
```
Fügt Puffer zusammen.

```
Buffer.byteLength(string, [encoding]);
```
Länge einer Zeichenkette in Bytes (hängt von der Kodierung ab).

```
buf.write(string, [offset], [length], [encoding]);
```
Schreibt Zeichen in einen Puffer.

`buf.toString([encoding], [start], [end]);`
Konvertiert Pufferdaten in Zeichen. Standard für die Kodierung ist 'utf8', für *start* ist es 0.

`buf.toJSON();`
JSON-Darstellung des Pufferinhalts.

`buf.copy(targetBuffer, [targetStart], [sourceStart], [sour-ceEnd]);`
Kopiert zwischen Puffern.

`buf.slice([start], [end]);`
Gibt Teile eines Puffers zurück.

`buf.fill(value, [offset], [end]);`
Füllt einen Puffer mit festen Werten

`buf[index];`
Das Element am Index

`buf.length;`
Größe des Puffers – der Inhalt muss nicht alles im Puffer nutzen.

`buffer.INSPECT_MAX_BYTES;`
Maximale Anzahl Bytes, die `buffer.inspect` zurückgibt.

www.ingramcontent.com/pod-product-compliance
Lightning Source LLC
Chambersburg PA
CBHW071250050326
40690CB00011B/2340